JN155463

整理収納アドバイザーが教える

無印良品でつくる心地よいキッチン

すはらひろこ

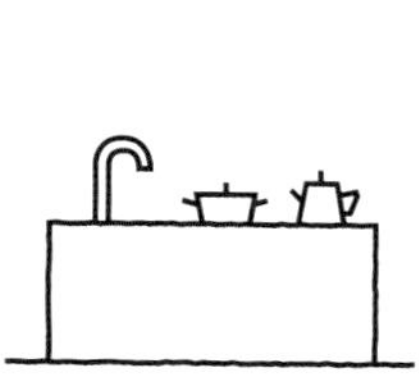

X-Knowledge

はじめに

心地よいキッチンの持ち主に会いに行きました。
一から考えて家を建てた人、スペースを造り替えた人、
すでにあるキッチンを使いこなす人。

「冷蔵庫にはいつも下茹でした野菜をストック」

「うつわ選びは出会いのときを待つ」

「料理をしながら外を眺めるのが好き」

こしらえて、食べて、集って、しゃべって、片づけて。理想はあっても正解はない。

だから、いろんなスタイルがあるのだと思います。

本書では「心地よい」を知る9つの家庭、3名のプロ、
それぞれのお宅を訪れて、キッチンにこめられた大切なことをまとめています。
人もモノもいきいきと、その人、その家らしさのあるキッチンには、
訪れた人を包みこむ心地よさがありました。

それぞれのキッチンに無印良品のデザインがどう溶け込んでいるのか、
そんな私の関心ごとも盛り込んでいます。

食の研究家が語っていました。
「自分が使っていいと思っても、誰かに勧めることはない。
何を食べたいのかを考えて、それには何が必要か？　を自分で考えることが大事」

食の流行や便利さが溢れるこの社会、
ふつうの食生活を営むのが実は難しいように思います。
まわりに振り回されることのない、
わが家のスタイルについて一緒に見つめてみませんか？

キッチンを計画している人。道具を探している人。
片づけたいと思っている人。
こしらえること、食べることが好きな人。無印良品に興味がある人。

毎日使うから心地よく過ごせるキッチンにしたい。
その願いを叶えるヒントを共有できたら幸いに思います。

もくじ

本書をお読みになる前に

本書に掲載されている情報は、２０１６年６月現在のものです。
商品の価格や仕様などは、変更になる場合があります。

●無印良品のアイテムに関しては、無印良品ネットストア（http://www.muji.net/store/）をご確認ください。

●クレジット表記のある商品については、すべて税込です。

●価格などが表示されていない私物に関しては、現在は入手できないものもあります。

●本書の使用方法を実践いただく際は、建物の構造や性質、商品の注意事項をお確かめのうえ、自己責任のもと行ってください。

右記につきまして、あらかじめご了承ください。

写真／雨宮秀也
ブックデザイン／坂根 舞・阿部文香（井上則人デザイン事務所）
印刷所／シナノ書籍印刷株式会社

協力／良品計画

暮らし上手の台所の工夫。

フードコーディネーター・高橋みどりさんに聞く

いつも、〝見えたまま〟が心地よい状態であるように

古い車庫と整備工場を改装したキッチンでは、高い天井の下に、ストーリーのある家具がオブジェのように並ぶ。そんな家具に溶け込むすてきな道具のなかのひとつに、無印良品がありました。

profile　たかはし・みどり　フードスタイリスト。大橋歩事務所のスタッフ、ケータリング活動を経て、1987年フリーに。おもに料理本のスタイリングを手がける。著書に『好きな理由』（メディアファクトリー）、『わたしの器 あなたの器』（KADOKAWA/メディアファクトリー）、『伝言レシピ』（マガジンハウス）、『ヨーガンレールの社員食堂』（PHP研究所）、『私の好きな料理の本』（新潮社）など多数。

「こざっぱりといつも
掃除さえしてあれば、
それが居心地のよさに
つながります」

アンティークショップを営むご主人と、仲良く並んで台所に立つ

「今の世の中、デザインが主張しすぎず、気にならないものがとても少ない。そこで手に取ったのが、無印良品でした」

高橋さんが週に2日を過ごす栃木県の黒磯にうかがいました。タクシーの車庫と整備工場を改装した広い建物で、台所は道路に面した光の差し込む一角にあります。キッチンをしつらえたのは、ご主人でありアンティークショップ「tamiser kuroiso（タミゼ クロイソ）」のオーナーである吉田昌太郎さん。こだわりのアンティーク家具や、高橋さんお気に入りのうつわがずらりと並ぶ台所は、日常の中の別世界といった印象。「私はいつも、さっぱりと掃除さえしてあれば心地よいと感じるので、インテリアはすべて主人に委ねています」。取材に応えながらも、高橋さんは、てきぱきと台所で立ち回ります。整然と整理された台所は、機能的で味わい深い空間。

シンク周りには、よく使う調理器具とお手入れ用具が、さっと手に取れるように吊り下げられています。実は、ここにあるスポンジと皮引きは、無印良品のもの。白いスポンジは主張しすぎず、ホーローの白い容器にしっくりと馴染んでいます。また、ステンレスの皮引きは長年愛用されているそう。台所にはさりげなく、使い勝手のよいアイテムが並んでいます。「すごく思い入れがあったというわけでなく、自然と手にとったものでしたが、家の風景に溶け込むものが、今の世の中にはとても少ない。そういう意味で、うまく調和ができるアイテムは貴重です」と高橋さんは言います。

右上：黒磯の台所には、いろいろな人を招いて料理を振舞うことも多いそう／左上・右下：素材のおいしさを生かして、気取らないおもてなし料理をつくる／左下：「黒磯では、不思議とおおらかな料理がつくりたくなるんです」とは高橋さん

高橋みどりさんの台所ルール 1

出しておくのは、お気に入りの道具だけ。「似たもの同士」を並べて置く。

心地よい暮らしを大切にしたいから、道具はいつも清潔に、整然と収まっている。こだわりの米松を使った高いオープン棚には、ずらりと選び抜かれたうつわが並ぶ。よく使うものは出したままで。並べるときは、似た形、素材、色などを選んで。

3	2	1
	5	4

1.サイズ違いのお皿を積み重ねて並べると選びやすい　2.同種のグラスはオープン棚に並べて取り出しやすく　3.道具を横一列に吊り下げるとさっと使える　4.冷蔵庫と洗濯機は板で囲ってひと枠に収める…❶❷　5.オーブンの横では立て掛け、上には吊り下げて作業場を広く保つ

❶電気冷蔵庫　※現在は仕様変更
❷電気洗濯機・4.5kg／型番：AQW-MJ45／価格：31,800円
❸耐熱ガラスメジャーカップ　500ml／約直径10.5×高さ12cm／価格：1,200円
❹ウレタンフォーム 三層スポンジ／約幅6×奥行12×高さ3.5cm／価格：150円
❺ステンレス皮引き／約幅7.5×長さ12cm／価格：800円

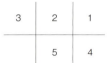

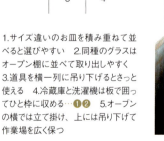

棚に並ぶ耐熱ガラス製のメジャーカップは、「きれいな佇まいが気に入った」とのこと ③④⑤

鮮魚を加工するときに使っていたという作業台に車輪を付けて料理台として利用

高橋みどりさんの台所ルール 2

固定観念を捨てて、自由に、のびのびとしまう。

出会いと発見があるから、愉しくて気持ちがいい。古くはタクシー車庫だった建物を改装した黒磯の台所は、空間そのものが独創的。パン工場の木箱を収納にしたり、古道具の棚が収納になっていたりと、随所には遊び心あるしつらえが。本来の用途でなくても、気に入ったものを、じっくりと長く使う。存在感のある道具のひとつひとつに、暮らしのストーリーがある。

3	2	1
5	4	

1.パン工場で使う木箱に調理道具を収納　2.古い会津本郷焼きのニシン鉢をカトラリー入れに　3.調理器具はすべて、大、中、小のニシン鉢へ。ニシン漬け用の鉢として使わないときは入れ物として活用している…❻　4.古道具の棚をごしごし洗って食器棚に　5.漏斗状のホーローにホースを付けてスポンジの水切りとして活用

❹ウレタンフォーム 三層スポンジ／約幅6×奥行12×高さ3.5cm／価格：150円
❻竹箸10膳入／23cm／価格：450 円

高橋みどりさんの台所ルール 3

いつもの場所に戻すだけで、いつも片づく。

収納はシンプルに。通販で手に入れたというステンレスシンクは、中古の業務用。
手入れがしやすく、いつも清潔に保てるところが気に入っているそう。
その上に取り付けた古道具の小さな棚をはじめ、箱ものを使った収納が中心。

3	2	1
5		4

1.小瓶の調味料やスパイスはオープン棚の下にある棚に収納　2.小さな引き出しには、ちょっと使いたいときの輪ゴムやハサミなど小ぶりな道具の定位置に　3.シンクからくるりと振り向いた位置にある作業台。その下に置いた木箱には背の高い瓶ものをまとめて　4.右手にある冷蔵庫に保存食品をストック…⑦　5.今日のメニューは作業台の上にある食材で。ガラス瓶に挿して鮮度をキープ

⑦耐熱ガラス丸型保存容器　2／約直径7.5×高さ11cm／約320ml／価格：700円

料理家・細川亜衣さんに聞く

いつも整頓されて、清潔でいることが味と心を研ぎ澄ませている

広々とした風通しのよい細川さんの家は、古いお屋敷を改装したもの。緑豊かな庭を臨めるキッチンの窓からは、明るい光が差し込んでいます。

profile　ほそかわ・あい　料理家。大学卒業後にイタリアに渡り、レストランの厨房や、家庭の食卓から料理を学ぶ。現在は熊本を拠点に活動。季節の食材を使った料理教室も主宰している。著書に『わたしのイタリア料理』（柴田書店）、『イタリア料理の本』（アノニマスタジオ）、『食記帖』（リトル・モア）、『スープ』（リトル・モア）など多数。

「片づけも、掃除も、立ち振る舞ったら、
さっとその場でするのが心地いい」

右上：キッチンの天井には、モビールがゆらゆら。「お気に入り」がそこここに散りばめられている／中央右：味に対する繊細さと、料理を楽しむおおらかさ、両方が大切／中央左：ダイニングには、ご息女が描いた家族の絵が／左上：普段使いの食器に、一輪の花をさりげなく活けて

「料理教室で使うものは、手軽に買い換えたり、足したりしたい。ちょうどいいものを揃えています」

細川さんの家は古い建物の佇まいを残しながら、今の暮らしに合わせて改装され、キッチンは庭の景色を切り取るような窓に面した明るい場所にあります。ステンレスシンクのあるキッチンに対して、家族で囲むというダイニングテーブルは木製のアンティーク。古いものと新しいもの、硬いものと柔らかいものが調和する、清らかな空間です。「普段から料理をしているときも、使ったそばから掃除をしたり、整えたりしているのが好きなんです」と、野菜を

刻みながら細川さんはおだやかに笑います。その言葉通り、調理の手を動かしながらも、作業が終ったところから、きれいに片づいていきます。

細川さん愛用の無印良品の茶こしで、シンプルな素材を生かした白菜のサラダを作っていただきました。プリーツのひだが美しい白菜は、やわらかくておいしそう。魔法の杖を扱うように軽やかな所作で、茶こしから絞ったレモンをふりかけます。

よく使い込まれた様子から、長年の料理を通して、手に馴染んでいったことがわかります。「他にも、ハンドミキサー、いまは壊れてしまいましたが長らくキッチンスケールを愛用していました」。シンプルな消耗品やツールは、ご自身が主宰する料理教室でも使うので、手軽に買い替えられるものがいいというのが、選んだ理由だそう。拭き清められた台所の片隅に、そんな道具選びの理由がありました。

細川亜衣
さんの
台所
ルール　1

使うものを、使う量だけ。
よく使う場所に置いておく。

あるべき場所に道具があるだけで、台所しごとはぐんと快適になる。
「隅々まで、どんなモノにも手に届きやすいように」という、
細川さんの思いが、台所のあちこちで光っている。

3	2	1
6	5	4

1.引き出しには多種類のスパイス。シールが貼ってあるので迷わずに選べる　2.キッチンとダイニングをつなぐ位置にあるカウンター。旬の食材をボウルに盛り付けて　3.カウンター下のキャビネットには、お揃いの容器で乾物と粉ものを小分けして整理　4.洗面所を改装したパントリー。ガラス瓶に保存された基本の素材がひと目でわかる　5.計量などの、ちょっとした作業はここで。柔らかい光が差し込むパントリーから細川さん流のレシピが生まれる…❶　6.ずらりと並べた包丁は引き出したらすぐ手に取れる

❶ソーラークッキングスケール　SD-005　価格：3,900円

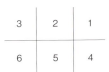

細川亜衣さんの台所ルール 2

道具とうつわは、材質と形状で分ける。

形状や素材ごとに、きっちりとしまう場所のわかれた台所。
素材ごとにしまうと、使うときに迷わず選び出せるし、
見た目にも整然とうつくしい。

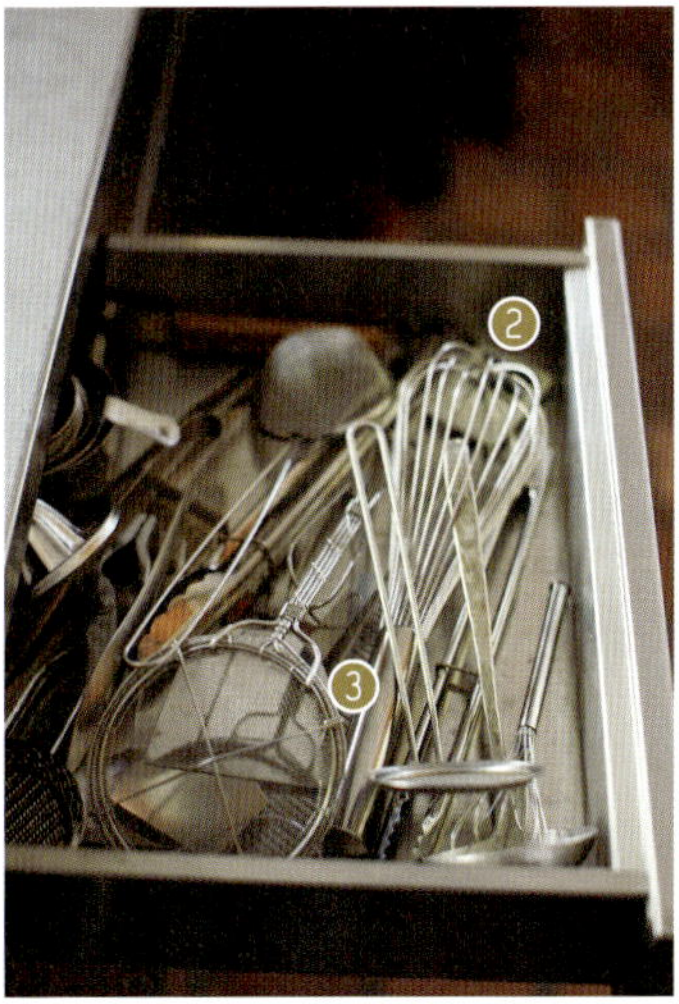

3	2	1
5	4	

1.うつわは各段に形状と大きさで分けて収納。余白を残して丁寧に扱う　2.ふだんのうつわはキッチンにあるトールキャビネットに　3.メインダイニングにある大きな食器棚。引き出しには小さなうつわを収めて取り出しやすく　4.ステンレスの道具は調理台の一番上の引き出しにまとめて収納。すぐ手に取れる最適な場所…❷❸　5.木製の道具は乾燥させたらポットに入れてワークトップに常備

❷ステンレス　泡立て・大　約幅7×長さ29cm／価格：800円
❸ステンレス　あくとり　約幅8×長さ23.5cm／価格：800円

細川亜衣さんの台所ルール 3

使う、洗う、拭く、乾かす、しまう。基本の手入れを、隅々まで。

お料理中は、出したそばから洗ったり、片づけたりと、大忙し。
「小まめにお掃除しておくのが好きなんです」とは細川さん。ひとつひとつ丁寧で、
まめな手しごとを大切にするのが、繊細な味の秘密。

1.光の差し込むダイニングは、立ち振るまいやすいよう片づいている　2.道具は拭いてしっかりと乾かしてからしまうのが鉄則。最後はカゴの上で仕上げる　3.窓辺が乾かすときの定位置　4.ステンレスは手入れがしやすくて衛生的　5.シンク下のキャビネットはステンレスパイプ棚で風通しよく　6.冷蔵庫によく使う道具を吊り下げて

3	2	1
6	5	4

❹耐熱ガラスピッチャー・小　0.7L／価格：490円　※フタ付きです

魚と昆布で水出汁をとるときは、ずっと愛用しているというガラスピッチャー･･･④

花教室主宰・雨宮ゆかさんに聞く

余計なものを持たずに
シンプルに暮らすこと

東京からほど近いながらも、樹林が広がる緑豊かな土地。丘の上の畑の合間に、雨宮さんの家はあります。開放的なキッチンは、いつも整然と、持ち主が料理をするときを静かに待ちます。

profile あめみや・ゆか　花教室主宰。東京都大田区で、日常の花を生ける「日々花」を主宰。北鎌倉東慶寺にて、花教室の講師を行う。植物と暮らしの関わりをおもに、雑誌・本などで活動中。著書に『花ごよみ365日』（誠文堂新光社）、地方新聞各紙にて、『暮らしに花を』連載中。全国各地で植物に関するワークショップも行う。

「いつも清潔に、がいちばん。
暮らしにあうものだけを選びます」

ブロッコリーとじゃがいもを入れて作った、
さくさくのカレーパン…❶

❶素材を生かしたカレー　ダール（豆のカレー）
180g（1人前）／価格：300円

「出先で食べる自分用のお昼や、自宅に仕事で人が来るときは、カレーの力を借ります」

部屋に居ながらも、肌で自然を感じられるのが、雨宮ゆかさんの家。素材の力強さを感じる木を使った内装は、簡潔なことが美しい、と思わせてくれます。設計は、建築家の中村好文さんによるもの。

この家には、テレビも、炊飯器も、トースターもありません。でも、暮らしにあったモノを選ぶことで、季節や自然の揺らぎを感じる、心地よい暮らしが実現しています。雨宮さんは、花あしらいにも通じる引き算の人といった印象。余分なものがない

キッチンはいたってシンプルです。
ご主人が、パンづくりをすることが多いという雨宮さん。今回取材にうかがったときも、無印良品のカレーを具材のベースに使って、カレーパンを作ってくださいました。パンを焼くときに使っているのも、無印良品のオーブンレンジ。具材作りは雨宮さんが担当。普段から、カレーをよく作るというだけあって、新鮮な野菜を加えてアレンジするなど、さすが手馴れたもの。香ばしいパンのにおいが、ふわりと台所に満ちてきました。

家電製品は必要なものだけ、水屋ダンスには吟味したうつわが並び、厳選したモノだけがあるという潔い雰囲気。それでも、どこか心が温まるのは、なぜなのでしょうか。

「この家で暮らすのは、手はかかるけれど快適です。五右衛門風呂にしたので、薪を炊いて沸かさなければいけなかったり、買い物へ出たりするのも、なかなかの距離。でも、それも暮らしを愉しむひとつと思ってます」。逆に、この家に住んだことによって、雨風やちょっとした季節の揺らぎをとても身近に感じるそう。テレビがなくても気にならないのも、そういう環境のおかげかもしれません。シンクは額縁のような窓に面していて、時折、サーっと気持ちのよい風が通り抜けます。

使いこなせるモノを選んで。ここに収まる分が、わが家の最適量。

台所を、より機能的に、賢く使いこなすために、
「ストックや買いだめはほとんどしない」という雨宮さん。
管理できる適量を守ることで、隅々まで手の行き届く台所に。

3	2	1
6	5	4

1.実は鍋好き。料理に応じて使い方が決まっているから無駄なモノはない　2.調味料はここにあるもので十分。バットに載せているから汚れがすぐに拭ける　3.深いバットが引き出しの代わり。いつも使う道具だけだから、ぽんと入れるだけでいい…❷　4.ごはんはそのときの分量に合わせて、鉄鍋か、真空保温調理器で炊く　5.細かいうつわを引き出し一段にひとまとめ。見えているのがすべてだから、さっと選べる　6.乾物はトタンボックスで保管。銀色が木肌を活かしたインテリアと相性がいい…❸

❷ステンレス　泡立て・小／約幅3.5×長さ21.5cm／価格：400円
❸トタンボックス・フタ式・小／約幅20×奥行26×高さ15cm／価格：1,260円

業務用クッキングシート
FREEZER BAG
S/20
Ziploc

雨宮ゆかさんの台所ルール 2

いつも、清潔に。
手入れのしやすい仕組みをつくる。

1日の家しごとの最後には、必ず台所の掃除で〆。
毎日きれいに片づけるから、いつもぴかぴかの台所で料理を楽しめる。
少しの手間を毎日積み重ねていくだけで、「大掃除要らず」の台所に。

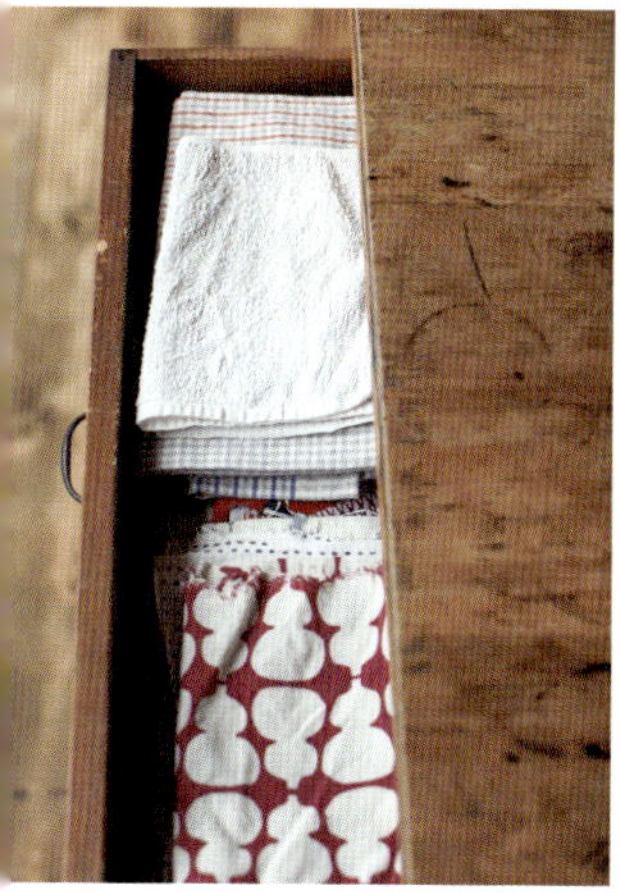

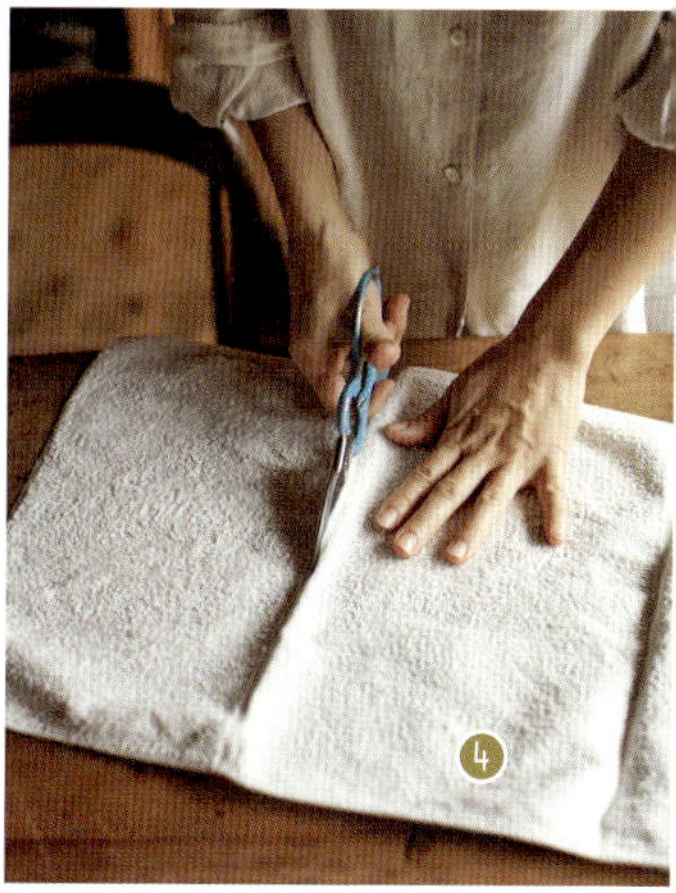

1.最後にコンロの五徳を洗って1日を終えるのが習慣。だから大掃除はしない　2.ガス台は五徳を外せば、軽くて持ち上げるのもらく。料理が終わったら、さっとひと拭き　3.生ごみは小さな袋に入れてすぐに処分。三角コーナーがないからシンクがぬるつかない　4.その次があるタオルは、最後に雑巾として役目を終える。切っても繊維くずが出ないから便利…❹　5.びわこふきんは洗剤少な目で食器洗いができる。3枚あれば色々と使いまわせる　6.引き出しのあるテーブルに手拭いを収納。使いたいときにすぐ出せる

3	2	1
6	5	4

❹オーガニックコットン混その次があるやわらかフェイスタオル／オフ白／34×85cm／価格：700円

雨宮ゆかさんの台所ルール 3

細かく分類しすぎず、ざっくりと整える。

家に置いておくものを厳選しているから、収納はおおまかに、同じようなものを分けておくだけ。ざっくりとしたモノと余白が、ゆったりとした時間を生み出す。

1.扉のない棚には天然素材の道具だけを収納。インテリアに馴染まないからプラスチックを使っていない　2.花が似合ううつわを選ぶそう。小さな水屋ダンスに、空間を残しながらゆったりと収めるから愛着がわく　3.引き出しには漆のうつわを収納。箱が浅いから重なる数だけを持つ　4.種類が限られているから、大まかに分けておくだけですんなり選べる

2	1
4	3

無印良品と、みんなの台所の工夫。

「もたない人」の
すっきりと
片づくキッチン

1
軒目
Date

東京都世田谷区在住
夫婦＋子ども2人
一戸建て
L字型キッチン

profile 「使ったままにするのがイヤ」という森山尚美さんのキッチンは、清潔第一。掃除がしやすいことが第一条件で、極力ものを置かず、何かを使ったらすぐに片づけるようにしているそう。長男、長女のお弁当づくりも森山さんの日課。

さっと手入れして、
日々を清潔に暮らす人。

台所は、機能的に。
ものを持たない
シンプルな暮らし。

ものは少なく、それでも豊かに暮らす シンプルな毎日の秘訣は、キッチンに。

長女・長男のお弁当づくりが日課だという森山さん。やさしい手つきでお弁当を詰める

「キッチンは清潔が第一。どんなに疲れていても最後まで片づけます」という森山さん。調理をしながら洗って、食事を終えたらすべてのモノを元に戻してリセットするそうです。そのためにも、道具はさっと取り出して使い終わったらすぐ片づけられるよう、台所での動きを考えて、余計な動きのない位置にモノが配置されています。料理が得意なほうではないけれど、いつも気分よく、面倒くさがらずに美味しいものを作れる、無駄のない台所を目指しているとのこと。取り出しやすさを考え、繰り返し使う食器は扉のない棚に収納。どれも白くシンプルなうつわばかりで、色のついたモノを見せずにプレーンなインテリアに仕上げています。

徹底的にシンプルにした結果、手にしたのは「ゆとり」でした。

ビールを飲みながら、リラックスして夕食の準備をする時間がお気に入りだという森山さん。キッチンの窓からは、庭に植えてある木々のグリーンが臨めます。

「余白のある空間を美しいと感じる」という森山さんの言葉通り、棚や引き出しのなかにも必ず余白をもたせ、そのことが気持ちの余裕につながっているようです。必要なモノだけが必要な場所にある空間で、片づけたり、料理をしたりすることで、豊かな暮らしが実現しています。

居心地のよい台所の秘訣は、なにも機能性だけではありません。シンプルながらも清潔で、何より美しいからこそ、料理や毎日を楽しむことができるのです。

台所の工夫。

色は、隠す。
ホワイトとシルバーに
天然素材をプラス。
収納は仕切って立てて、
すっきり、さっぱり。

idea 1

同じタイミングで使うものはひとつのボックスに収納

お弁当用の箸と袋、水筒をひとまとめ。カゴごと出し入れできるから、準備がスムーズ。毎日使うからフタなしでOK

❶ お弁当箱（左）：❷

idea 3

時短のコツは、グラスの「使いみち」でのチーム収納

日本酒やビール用の酒器と、ワイン用のグラスでチーム分け。カゴごと出せるから、背の高いワイングラスは伏せて安定よく

idea 2

棚のなかに余白があるから取り出しやすく、シンプルに見える

流しに立って振り向けば食器の出し入れができる。買い物メモを作るカウンターとしても利用するから筆記具を常備 ❸

idea 5

柄の長い調理道具は持ち手が手前にくるように

柄の長い調理道具は持ち手を手前に並べて、すぐ取り出せるように。モノが少ないから、ケースの枠を目安に戻せばいい

idea 4

同じケースで仕切れば細かいカトラリーまで整然と

引き出しにしまいたいカトラリーは、種類別にケースに入れればひと目で分かる。輪ゴムなど細かいモノは小さく区切るのがポイント　❹❺

idea 6

鍋やざるは重ねずに立てて収納する

ボックスを使って縦横に区画してあるから、見やすくて取り出しやすい。残ったスペースも無駄なく縦入れ収納に　❻❼❽

idea 7

ミニスタンドで小皿やコーヒーフィルターを分類するベストアイディア

小皿や紙フィルターを立てて収納すれば、1枚ずつがスムーズに取り出しやすくなる。大きすぎず小さすぎずのサイズ感がちょうどいい。茶たくやコースターにも応用できる　❾

idea 8

常温で保存する野菜は風通しのよい空きスペースに

冷暗所で保存したい常温野菜は、新聞紙を敷いて通気性のいいバスケットを利用。使いきれる分量だから腐ることがない　⑩

idea 9

取っ手付きのケースなら高い位置のものも取りやすい

冷蔵庫の上に直接モノを載せたくないから吊戸棚を設置。エプロンや布ものなど、たまに使うことのある軽いモノだけをしまっている

idea 10

大小のケースに入れて布巾などストック品の在庫を管理

ポリ袋や食洗器用洗剤パックなどの消耗品は、ボックスで分けておけば残量がすぐ分かる。重ねられる密閉容器でスペースを節約　⑪⑫

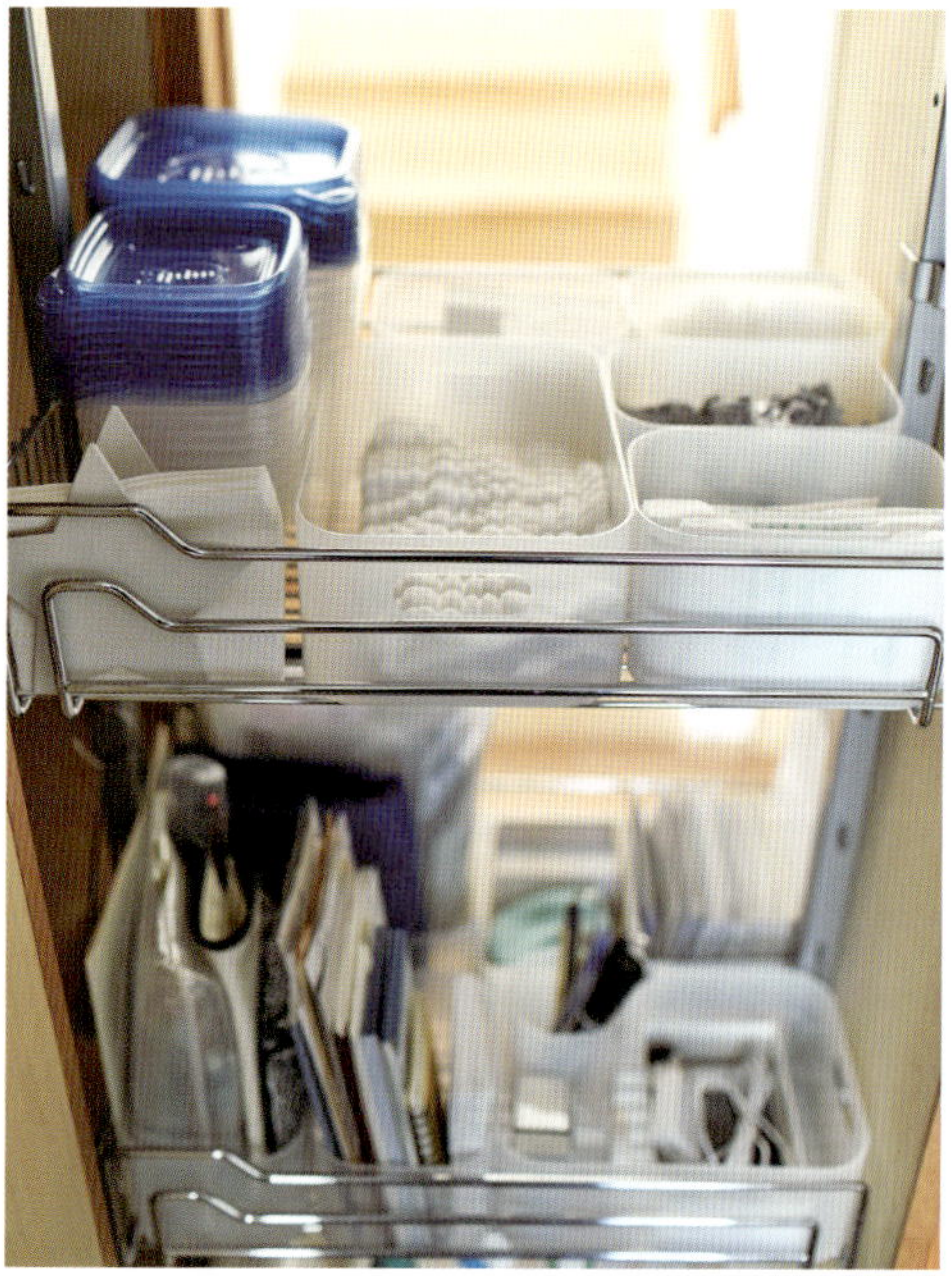

idea 11

たまに使うものは端っこへL字キッチンを隅々まで活用

ホットプレート、カセットコンロ、大鍋など特別なときに使う重たい道具は隅にまとめて収納。扉がない場所ならすぐに取り出せる

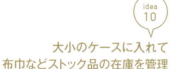

idea
12

作りおきの飲み物は同じ容器だからしまいやすい

いつものように飲み物を作って冷蔵庫のポケットへ。お揃いの容器を並べているから、一年を通して収納の指定席がキープできる ⓭

idea
13

好きなテイストのものを複数個、並べるだけで見せる収納に

イッタラのカップにテイストがピッタリだったというティーポット。色と素材を決めていくつか並べるだけで、素敵にまとまる ⓮

ここで使った無印良品

❶

**重なるブリ材
長方形バスケット・小**

価格：1,000 円
幅約37×奥行26×高さ12cm

❷

アルミ弁当箱・小

価格：1,700 円
約 280ml ／ 高さ 9.5 ×14×高さ5cm

❸

**重なるラタン
長方形バスケット・小**

価格：2,600 円
約幅36×奥行26×高さ12cm

❹

ポリプロピレン整理ボックス4

価格：180 円
約幅11.5×奥行34×高さ5cm

❺

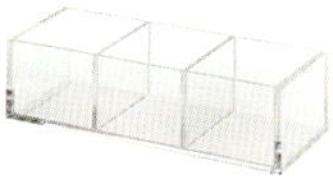

**重なるアクリル
仕切付スタンド・ハーフ・小**

価格：600 円
約幅17.5×奥行6.5×高さ4.8cm

❻

ポリプロピレンメイクボックス

価格：450 円
約150×220×169mm

❼

ポリプロピレンラップケース・大

価格：450 円
約幅25～30cm用

❽

**ポリプロピレンファイルボックス・
スタンダードタイプ
A4用・ホワイトグレー**

価格：700 円
約幅10×奥行32×高さ24cm

❾

アクリルレタースタンド

価格：600 円
約幅5×奥行13×高さ14.1cm

❿

**重なるラタン
長方形ボックス・小**

価格：2,300 円
約幅26×奥行18×高さ12cm

⓫

**ポリプロピレン
メイクボックス・1/2**

価格：350 円
約150×220×86mm

⓬

**ポリプロピレンメイクボックス・
1/2 横ハーフ**

価格：200 円
約150×110×86mm

⓭

耐熱ガラスピッチャー・小

価格：490 円
約直径8. 5 cm×高さ19cm（0.7L）

⓮

磁器ベージュポット

価格：1,300 円
約450m l

壁一面を道具で飾る共働きのキッチン

ふたりで料理するから、誰が見てもわかりやすく整頓。

設計：ブルースタジオ

2軒目 Date

東京都世田谷区在住
夫婦＋子ども1人
マンション
L字型キッチン

profile　キッチンに夫婦で立つことが多いという辻さんご夫妻。カウンター下にある棚を上手に活用し、一目瞭然の使い勝手のよさを実現。奥様は料理、ご主人は洗い物というように、うまく家事を分担できる仕組みを作っている。

忙しいふたりにとって、キッチンで過ごすのが大切なひととき。

マンションをリノベーションした一室に住む辻さんご夫婦のキッチンは、機能的にしつらえた厨房のような空間。部屋にも扉を付けないというオープンな間取りが特徴的で、壁一面には愛着のある調理器具やキッチンツールが、ずらりと並びます。

「適度な収納量があり、かつ、出し入れしやすいことを重視しています」とは、ご主人の言葉。どこに何があったらいいのかをしっかりと計算して、適材適所に道具が配置されているので、片づけやすくてきれいが長続きしているのです。

共働きで多忙な日々を送るご夫婦だからこそ、一緒にキッチンに立つ時間が、ふたりにとっての憩いの場でもあります。調理中に、「あれ、どこだっけ?」とお互いが迷

どこに何があるか
誰にでも分かるよう、
使いやすく整理して。

包丁を研ぐというご主人は手しごとが得意。キッチンのリメイクや DIY も行う。お互い協力しあい、家事を分担している

わないように、収納は誰にでもモノの場所がわかることを重視。壁に並んだ調理器具は、さっと取り出せるという、使い勝手のよさにも直結しています。また、収納用品は木製のボックスやかご、陶器など、天然素材で和を感じさせるもので統一。効率的に整頓されていながら、あたたかく、どこか懐かしい雰囲気が漂うキッチンになっています。

実は、キッチンにある家具の調整や、インテリアは、ほとんどがご主人の手によるもの。料理は奥さま、手しごとや洗いものはご主人と、得意な家事を上手に分担しているのです。忙しいからこそ、こだわりの部屋と道具、そして細やかな工夫によって、ふたりの居心地のよいキッチンになっています。

台所の工夫。

忙しくても、てきぱき料理が作れる。吊るす、仕切る、分類するワザで、収納力がアップ。

idea 1

時短のコツはコンロ脇の壁に作ったスパイス置き場

壁に付けられる家具をウッドデッキで余った塗料を使って塗装。コンロ脇のすぐ取り出せる位置にスパイスを置けば、調理がぐっとスムーズに ❶

＊石こうボード用なので特別に加工して、設置しています

idea 2

出しておきたい道具や雑貨は「マグネットで冷蔵庫脇」がベスト

ダイニングからは死角になる冷蔵庫脇を吊るすコーナーに。クリップに挟んだりマグネットで留めたりすれば、道具が迷子にならない ❷❸❹❺

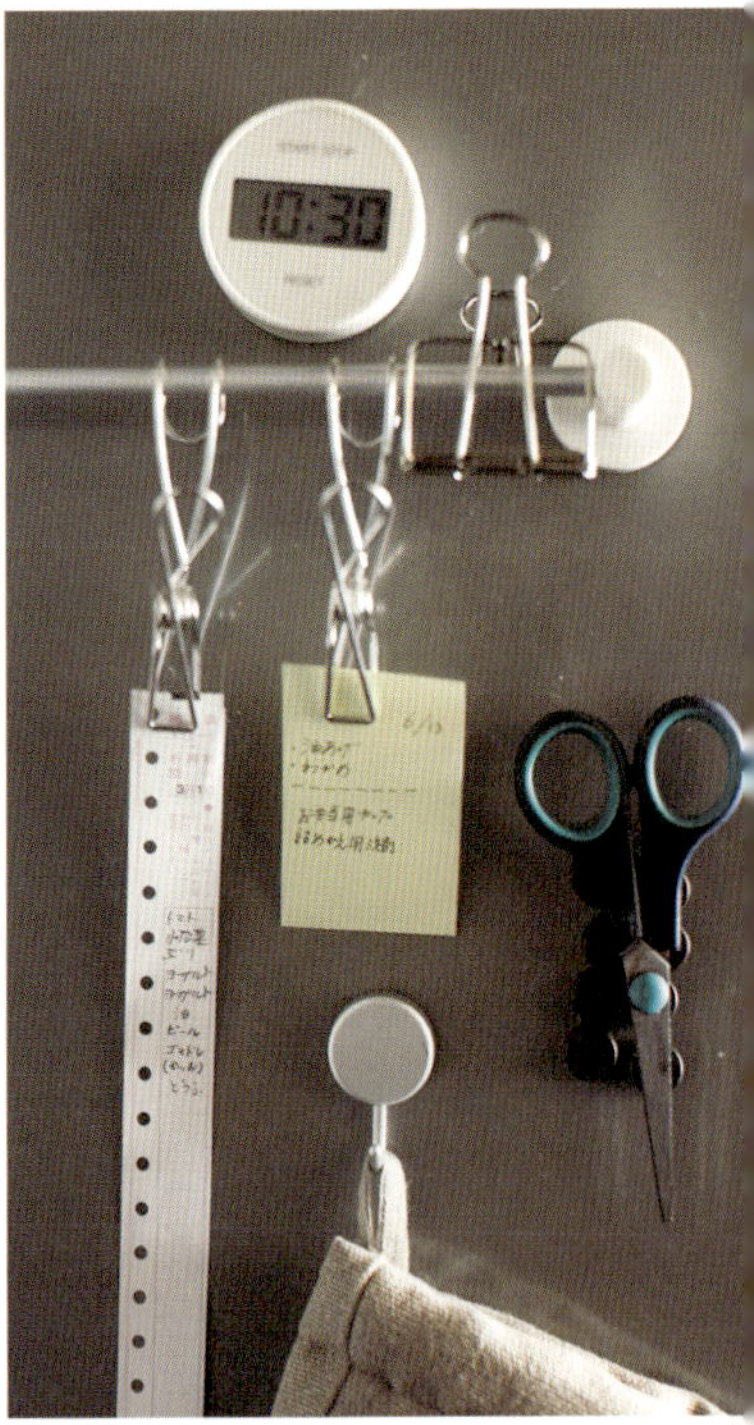

生活感のある中味は お気に入りのふきんで目隠し

idea 3

夫婦のお弁当箱を入れたカゴは布で埃よけ。惣菜をお弁当に詰めるときにサッと取り出せる位置だから、朝時間の節約に ❻

idea 4

引き出しの食器収納のコツは 手前にふだん使いを置くこと

料理ができ上がったら、すぐその場で盛り付け。引き出しの手前に日常食器が入っているから夕飯のしたくがスピーディ

idea 5

ひとつの仕切り内には 必ず1種類だけしか入れない

余った隙間を収納スペースに。お菓子作りのカップや留め具など、細々したアイテムの行き場が定まるから散らばらない ❼

壁を使えばキッチンの 収納力が2倍に

idea 6

台の上に2列並べると邪魔になるけれど、棚を付ければ空いたスペースが収納になる。スパイスや調味料を並べてもいい ❽

*石こうボード用なので特別に加工して、設置しています

idea 8

油はファイルボックスに入れれば、汚れにくく衛生的

液だれの気になる調味料はポリプロピレンのボックスに。拭いたり洗ったりできるから手入れが簡単 ❿

idea 10

置き場に困るレジ袋は、きれいなゴミ箱にまとめてストック

帰宅直後で忙しくても箱に入れるだけで手間いらず。ゴミ箱と一緒に並べて置けるから、レジ袋がその場でゴミ用として使える ⓫

＊写真は旧仕様タイプ

idea 7

浅い空きスペースこそ、小物収納にうってつけ

棚のままでは使いようのない所には、引き出しケースを挿入。スープやフリカケなど薄い袋ものが自然と片づく ❾

同じシリーズのゴミ箱で賢く分類する

idea 9

ゴミ箱はキャスター付きが便利。自分の足元に移動すれば、調理中に出たゴミはすぐに捨てられるから片づけやすい

食器は用途ごとに分類して小分け収納

idea 12

手持ちのボックスを組み合わせて、大きな引き出しを小さく区切って分類。全体が見渡せるから選びやすくて出し入れがラク

idea 11

食材をカゴやホーローにまとめてインテリアにするアイディア

オープン棚の下段をパンや野菜の収納用に。ナチュラルな素材感とともに、目線の位置から上を飾るコーナーにするのがコツ ⑫

idea 13

同じ素材のボックスでお菓子が一目瞭然

上から覗いてみれば子どもにもすぐ分かる。在庫が把握できれば余分な買い物をしなくなり、節約効果もあり、食べ過ぎが防げるかも？ ⑬⑭

ここで使った無印良品

❶ **壁に付けられる家具・箱・幅44cm・オーク材**
価格：3,900 円
約幅44×奥行15.5×高さ19cm

❷ **ダイヤル式キッチンタイマー TD-393**
価格：1,900 円
直径 6.2 × 2.2cm

❸ **ステンレスひっかけるワイヤークリップ 4個入**
価格：400 円
約幅2.0×奥行5.5×高さ9.5cm

❹ **アルミタオルハンガー マグネットタイプ**
価格：1,200 円
約幅41cm

❺ **アルミフック マグネットタイプ 小・3個**
価格：400 円
耐荷重　約 300g
＊ P50 の商品は仕様変更をしています

❻ **重なるラタン長方形バスケット・小**
価格：2,600 円
約幅36×奥行26×高さ12cm

❼ **ポリプロピレン追加用ストッカー**
価格：800 円
約幅18×奥行40×高さ 21 cm
＊ポリプロピレン追加用ストッカー・浅型（700 円）3 つとポリプロピレン収納ケース用キャスター 4 個セット（400 円）を組み合わせて使用しています

❽ **壁に付けられる家具・棚・幅44cm・オーク材**
価格：2,500 円
幅44×奥行12×高さ10cm

❾ **ポリプロピレンケース引出式・横ワイド・薄型**
価格：900 円
幅37×奥行26×高さ9cm

❿ **ポリプロピレンスタンドファイルボックス・ワイド・A4用**
価格：1,000 円
約幅15×奥行27.6×高さ31.8cm

⓫ **ポリプロピレンフタが選べるダストボックス・小（20L袋用）・袋止付**
価格：1,200 円
約幅19×奥行41×高37cm
＊フタとキャスターは別売りです

⓬ **重なるラタン長方形バスケット・特大**
価格：5,000 円
約幅36×奥行26×高さ31cm

⓭ **重なるブリ材長方形ボックス**
価格：750 円
幅約26×奥行18.5 ×高さ12cm

⓮ **重なるブリ材長方形バスケット・小**
価格：1,000 円
幅約37×奥行26×高さ12cm

家族が集まる収納上手のキッチン

夫も子どもも自然とキッチンに立つ、和やかな暮らし。

3 軒目 Date

千葉県千葉市在住
夫婦＋子ども1人と愛犬
マンション
一列型キッチン

profile　ご主人は前後を逆にしまうことがあるからと「ラベルを容器の前後に貼る」という徹底ぶり。それが家族への思いやりのひとつ。ナチュラルなインテリアがお好みだそう。

「あれ、どこだっけ?」と、家族が迷わない。楽しく、みんなで整える。

「主人も週に一度は料理をしますし、息子もよく休日のお昼にはラーメンなどを作っています」というキッチンは、家族が使っているとは思えないほどすっきりと整っています。しかし以前は何がどこに入っているのかわからず、家族から「あの調味料はどこ?」「缶詰はどこに入っているの?」と尋ねられることも多かったそう。「家族みんなが、使いやすいように」。そう心がけて片づけるようになってから、暮らしはぐんとラクになりました。

　食材や調理器具の置き場所をきちんと決めて、中身が分かるようにラベルを貼るようにしたら、見た目にもすっきりして気持ちよくなったとのこと。もし間違えて反対向きに収納しても大丈夫なように、ボックスの前と後ろ、両方にラベリングをし

ホワイトを基調にナチュラル素材を組み合わせてカフェ風インテリアに

がんばりすぎず、自然に片づく家族の笑顔が生まれる食卓。

ておくのは思いやりのひとつ。そんな行き届いた配慮のすえ、ご主人が仕事の終わりに台所にたったり、息子さんが料理を手伝ったりしてくれる機会が増えました。いつの間にか、家族みんなが集まるキッチンになっていったのです。

もうひとつ大事にしていることは、お気に入りの空間で日々を過ごすこと。オーダーメイドの食器棚には、大好きなファイヤーキングのコレクションが並びます。ナチュラルなインテリアの邪魔をしないよう、ラタンのかごを家族の一時的なもの置き場に。ざっくりとした収納をつくっておくことで、家族みんながのびのび過ごせる、すっきりとしたダイニングになりました。

毎日がんばらなくても、誰でも使いやすい仕組みをつくれば、いつも自然と片づいた台所に。

台所の工夫。

無駄なく、無理なく、楽しく
家族が喜ぶ収納システムづくり。

idea 1

食器の色を合わせるだけでぐんと統一感が出る

ファイヤーキングのマグと白磁ポットの組み合わせ。ケタックのコースターとリネンクロスをつなぎ役にするコーディネート術 ❶

idea 3

パッケージが気になる洗剤はプレーンなボトルで統一感アップ

流しまわりは透明とホワイトを主役に。生活感の出やすい洗剤やブラシがあっても、見た目と衛生面で清潔度が高まる ❸❹

idea 2

ホワイトとナチュラルカラーで食卓からの眺めも抜群

カウンター越しにダイニングから見えるキッチンをホワイトで統一。カウンター下にあるラタンかごを一時置き場にすることで、いつもすっきりとした眺めに ❷

idea 4

雑多に見えやすい食品は種類ごとにまとめてボックスに

袋もの食品は白い紙を入れたメイクボックスで、色を隠してすっきりと。四角くたたんだふきんは通気性のいいバスケットに
❺❻❼❽

idea 5

出したままにしないことがシンプル&清潔の秘訣

家族みんなが使うキッチンではラベルを貼って分かりやすく。
しまう場所をきちんと決めておけば散らからない

idea 7

ラックを積み重ねれば シンク下の収納力が2倍に

パイプがあって使いにくいシンク下は、サイズが選べてジョイントするだけのラックが便利。手入れがラクな素材だからいつも清潔 ⑩

idea 6

うっかりこぼしても バスケットを持ち上げてひと拭き

ステンレスのかごは丸ごと洗えて清潔。メッシュだから棚の汚れに気づいてすぐ拭ける。見えていると手入れがしたくなる ⑨

idea 8

よく使うエプロンは 壁にかければシワにならない

スペースが限られているキッチンでは壁を使いたい。簡単に付けられるフックでエコバッグやキッチンクロスを掛けてもいい ⑪

idea 9

立てて収納すると ぐんと道具が長持ち

積み重ねると鍋肌が傷むとか。A4サイズのボックスは直径26センチのモノまでOK。ポリプロピレン製は頑丈でお手入れ簡単 ⑫

idea 10

スタックできるボックスなら ゴミ分別がスムーズに

ビン、缶、プラスチックと分別がマストなキッチンゴミ。毎日のことだからその場でサッと済むというベストアイディア ⑤⑬

idea 11

行き場のないお玉の 一時置き場をつくる

調理中にちょっと置いても邪魔にならない。食事に時間差がある家庭でも、温め直したスープを手際よくサーブできる ⑭

ここで使った無印良品

1

白磁ティーポット
価格：1,600 円
約550ml

2

重なるラタン
長方形バスケット・小
価格：2,600 円
約幅36×奥行26×高さ12cm

3

柄つきスポンジ
価格：700 円
フレーム部：約22.5cm

4

PET詰替ボトル
クリア　400ml用
価格：280 円
400ml用

5

ポリプロピレンメイクボックス
価格：450 円
約150×220×169mm

6

重なるブリ材
長方形ボックス
価格：750 円
幅約 26 ×奥行 18.5 ×高さ12cm

7

トタンボックス・フタ式・小
価格：1,260 円
約幅20×奥行29（持ち手含む）×高さ15cm

8

ポリプロピレンケース
引出式・横ワイド・深型
価格：1,100 円
約幅37×奥26×高17.5cm
※ポリプロピレンケース引出式・横ワイド・浅型（1000 円）を追加しています

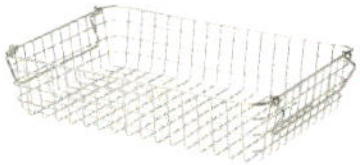

9

18-8 ステンレス
ワイヤーバスケット2
価格：2,000 円
約幅37×奥行26×高さ8cm

10

ポリプロピレン収納ラック・深型
価格：850 円
幅37×奥行26×高さ17.5cm

11

壁に付けられる家具・
フック・オーク材
価格：900 円
約幅4×奥行6×高さ8cm

12

ポリプロピレン
スタンドファイルボックス・
ワイド・A4用・ホワイトグレー
価格：1,000 円
約幅15×奥行27.6×高さ31.8cm

13

ポリプロピレン
メイクボックス・1／4横ハーフ
価格：160 円
約150×110×45mm

14

磁器ベージュお玉おき
価格：700 円
約直径10.5×高さ4cm

シンプルに
ゆったりと
暮らす
キッチン

夫婦になっても、
恋人みたいに、
すてきな台所で。

設計：空間社

4
軒目
Date

東京都世田谷区在住
夫婦＋子ども2人
マンション
一列型キッチン

profile キッチンから、ぐるりとダイニングやリビングが見渡せるレイアウト。日々のお手入れ、掃除のしやすさを考えて、キッチンはステンレス製。温もりのある木肌を活かしたインテリアは、北欧感のある落ち着く空間を演出。

木製キャビネットを
先に選んでから、
キッチンをアレンジ。

台所をひと工夫で、居心地よいくつろぎ空間に。

無印良品のアカシア食器シリーズは、飾ればインテリアとしても映える

天然木を使ったインテリアに囲まれた山田さんのキッチンは、うっとりするほど美しくスタイリッシュな仕上がり。大きなガラス窓のあるリビングダイニングを見渡せるこの場所で、料理の段取りを考え、準備をし、同時に数品できあがったときの充実感を味わうのだそうです。煮込み料理のときには「鍋の音を感じながら過ごしていると無心になれる」と言います。山田さんにとって、気持ちのスイッチを入れ替える大切な時間なのかもしれません。

　日々のお手入れと清潔さを考えて、出しておくものは極力少なく、というのが山田さんのポリシー。その言葉どおり、キッチンやダイニングには、ほとんど日用品が見当たりません。代わりに並ぶのは、お気に入りの雑貨や装飾品。モノを少なくして掃除をしやすくすることが、結果的に、見た目の美し

さにもつながっているのです。

実はチェストの中に、クスリや日用雑貨をしまっているとのこと。その隣にあるガラス扉のあるキャビネットには北欧食器を中心に、吟味した器だけが収納されています。ただし、長女が愛用している特別な食器だけは、子どもが取り出しやすいよう、置いてもOKという取り決めにしているそう。

「見える、隠す収納をするために、このキャビネットを使いたかったので、カウンターをデザインしてもらいました。木の質感とモルタルの組み合わせが気に入っています」。その言葉どおり、キッチンとダイニングの家具は、この部屋用にしつらえたようにぴったりとマッチ。異素材の組み合わせが、素敵な雰囲気をつくっています。イメージ通りのインテリアが愉しめるよう、モノの持ち方やしまい方を考えていくことが素敵なキッチンを保つ秘訣のようです。

台所の工夫。

分けて、減らして、整えて。
ほの暗くやわらかい部屋を生かす
うつくしい収納スタイル。

idea 1

子どものお気に入りの食器は、取り出しやすいようひとつに

「これ、わたしの!」。特別に扱ってあげたい食器はボックスに入れて、子どもの目線の位置にセット。愛情をこめた収納のかたち ❶

idea 3

ガラスケースの食器は、見せることを意識してレイアウト

大切な器は両手で持てるスペースを、重ねた器は上に持ち上げるスペースを空けておく。その余白がうつわの美しさを引き立てている

idea 2

置いておく食器を洗練し、おもてなし用と日常用に分ける

キッチン側とダイニング側で食器棚を使い分け。ガラス戸越しに好きな器を眺めて過ごす幸せが日常を豊かにしてくれる ❷❸

idea 4

ふきん類は、どの柄か分かるよう四つ折にして立てて収納

テーブル脇にある引き出し。子どもの口元や手を拭くなど頻繁に使うから、たたんだ輪の部分を上にするとすぐ取り出せる

ストックやお菓子の型など、たまにしか使わないものは高い位置に

idea 5

見える位置にあってもラタンバスケットならインテリアに馴染む。軽いモノだから上部でも大丈夫 ❹❺

idea 6

お菓子はさっと取り出せるよう、ふたのない収納に入れて

一時収納しておきたい食べかけのお菓子。竹材ボックスでカラフルな袋を隠して見た目よく、ストッカーの上を定位置に ❻

透けるケースには、白い紙を入れてすっきり見せる

idea 7

隙間収納は必要だけれど目立たせたくない場合にカモフラージュ。見通しのいい開放的なキッチンが気持ちよく整う ❼

idea 8

お手伝いしやすいよう、トレーはシンクに常備

木製角型トレーはサイズが豊富。幅 27センチのサイズは子どもでも持てる大きさで、縁があるから運ぶときにも安心 ⑧

idea 9

冷蔵庫は、同じ大きさの容器で分類すれば一目瞭然

半透明のボックスは、中身が透けて見えるから使い忘れがない。混雑しがちなポケットには同じシリーズのポットで整然と ⑨⑩⑪

idea
10

お掃除用品はひとまとめにして、使うときだけ取り出す

スポンジとタワシはボックスインボックスでまとめて、きちんとしているからお手入れしたくなる。シンクの掃除もしやすい ⑫

idea
11

吊り下げ収納でシンク下の壁も活用

シンク下のオープンスペースをお手入れコーナーに。吸盤フックでミニほうきを吊るせば、ちょこっと掃除が習慣になる ⑬⑭

ここで使った無印良品

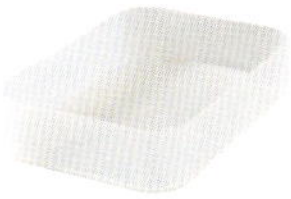

❶
ポリプロピレン
メイクボックス・1/4
価格：250円
約150×220×45mm

❷
オーク材
キャビネット・ガラス扉（引戸）
価格：36,000円
幅80×奥行40×高さ83cm

❸
オーク材チェスト4段ワイド
価格：29,000円
幅80×奥行40×高さ83cm

❹
重なる
ラタン長方形バスケット・中
価格：2,900円
約幅36×奥行26×高さ16 cm

❺
重なる
ラタン長方形バスケット用フタ
価格：1,000円
約幅36×奥行26×高さ3cm

❻
重なる
竹材長方形ボックス 4
価格：2,800円
約幅26×奥行18.5×高さ16cm

❼
ポリプロピレン
ストッカーキャスター付・2
価格：3,500円
約幅18×奥行40×高さ83cm

❽
木製 角型トレー
価格：1,500円
約幅27 ×奥行19 ×高さ2cm

❾
冷蔵庫用米保存容器
価格：700円
約2kg用
約幅17×奥行10×高さ28cm

❿
アクリル浄水ポット
価格：3,000円
浄水容量：約1.1L

⓫
ポリプロピレン
メイクボックス・1/2
価格：350円
約150×220×86mm

⓬
ポリプロピレン
コットン・綿棒ケース
価格：150円
約107×72×77mm

⓭
アルミフック
吸盤タイプ 小・3個
価格：250円
耐荷重：約 300 g

⓮
卓上ほうき（ちりとり付き）
価格：390円
約幅16×奥行4×高さ17cm

お料理上手のおもてなしキッチン

家のご飯は美味しい。人が集まると、なお美味しい。

設計：彦根建築設計事務所

5軒目 Date

東京都世田谷区在住
夫婦＋子ども2人
一戸建て
アイランド型キッチン

profile 主婦として毎日の料理に励むかたわら、自宅でフランス料理教室を主宰する竹村さん。こだわりの広いダイニングは、教室用の料理はもちろん、お客様や、家族に振舞う手料理も並ぶ。

料理教室：La Table d' Ange　https://latabled.wordpress.com/　https://www.facebook.com/La.Table.d.Ange/

おもてなし上手の、片づいた台所のつくりかた。

いつでもようこそ。
みんなと食卓を囲む
ひとときが大好き。

食卓で集う人の姿、視線の先に広がる景色、「この眺めが好き」という竹村さん。調理中の音、臭い、気配を感じさせない細やかなおもてなしが美味につながる

フランス料理の教室を主宰する竹村さんのダイニングは、息子さんの友達や、お料理仲間など、いつもたくさんの人が集まります。取材時も、3人のゲストを招いて手料理を振舞ってくれました。家を建てるときも、「人が集まるキッチン」が揺るぎないテーマになり、あえてリビングではなくダイニングをメインに間取りを考えたというこだわり。「この場所に住みたくて3年待ちました」という眺めのいいロケーションにある住まいは、穏やかな光に包まれた快適な空間です。

竹村さんのキッチンづくりの大原則は、出来立ての料理を出すために、すべてのツールにワンアクションで手が届くこと。オープンな収納を活用したり、吊り下げたりすることで、スムーズに調理し、さっとサーブすることができるのです。特にお気に入りなのは、キッチンの片隅にある、世界中のスパイスが詰まったワゴン。「少し、ごったな感じがしているところも、気に入っています」とはご本人の弁。

また、「キッチンでの洗い物や散らかった状態が見えたり、臭いがもれたりしないように気をつけている」と言います。空間をやんわりと仕切るガラス扉を閉めれば、すぐに客人を招き入れられる仕組みです。

お気に入りのブルーを基調にしたキッチンは、隅々まできれいに美しく。料理が終われば、整然と片づいた状態にするのがルール。おもてなし上手の台所は、今日も、はたらきながら洗練されてゆくのです。

台所の工夫。

しまいこまずに、手の届くところにある。
機能的で美しく整えるアレンジの秘訣。

idea 1

フライパンは立てて収納すれば機能性アップ

縦型のファイルボックスは 25 センチ、横型は 30 センチを目安に道具を収納。柄の部分を上に向けて取り出しやすく ❶❷

idea 2

モノやツールは極力、表に出さない

中央にあるアイランドカウンターは、引き出しから取り出して振り向くだけの距離にある。広くても調理動線が短いから片づけやすい

idea 3

よく使うスパイスは
オープン収納で取り出しやすく

味付けはタイミングが大事。繰り返し使う調味料とスパイスは、レンジと作業台の近くを定位置に。使ったらすぐ戻せる好位置にあるから使いやすい ❸

idea 5

ボード類は仕切スタンドで
整列してスタンバイ

アクリル製だから素敵なインテリアに溶け込む「用の美」がある。収納しにくいお盆なども立てておくとすぐに使える ❺

idea 4

大きめの収納ボックスは
メイクトレーで内部を整理

見た目ではラタンを使いたい。でも汚れたら困るというときには、拭きとれる浅いトレーを受け皿に ❹

idea
6

先入観にとらわれず食卓を華やかに演出するアレンジテク

リネンクロスを三角に折りたたんでランチョンマットにするアイディア。ジノリの食器に角型の耐熱皿をあわせるアレンジを参考にしたい。 お気に入りのうつわも、花瓶に見立てて華やかに ⑥
⑦⑧⑨

idea
7

可愛いツールは見せる収納にする

チーズグレーターの「ナナチャン」は、メイクトレーの上でニッコリ。トレーごとテーブルに運んでサーブするパフォーマンスが楽しい ④

素材は必ず「3つまで」、テーブルセットは白磁・ガラス・木製だけ

idea 8

洗練の秘訣は、マジックナンバーの3。テーブルの上に置くモノの素材を揃えれば、簡単にバランスのとれた美しいセットに ⑩⑪

頻繁に移動させるモノはひとまとめにしておく

idea 9

キャリーボックスに、ナプキンとカトラリーを入れてテラスでブランチ。ピクニックや誕生会でカジュアルに使いたい
写真右：⑫　左：⑬⑭

ここで使った無印良品

1

ポリプロピレンスタンドファイルボックス・A4用
価格：700円
約幅 10 ×奥行 27.6 ×高さ 31.8 cm

2

ポリプロピレンファイルボックススタンダードタイプ
価格：700円
幅約10×奥行32×高さ24cm

3

重なるラタン長方形バスケット・中
価格：2,900円
約幅36×奥行26×高さ16cm

4

ポリプロピレン メイクトレー
価格：200円
約 150 × 220 × 20 mm

5

アクリル仕切りスタンド　3仕切り
価格：1,500円
約 26.8 × 21 × 16cm

6

木製スタンド
価格：800円
約幅 7.5 ×奥行 7.5 ×高さ 11.5 cm

7

麻クロス　厚地　生成×黒
価格：800円
約幅 50 ×奥行 50 cm

8

耐熱食器　角型
価格：2,000円
約幅22.5×奥行22.5×高さ4cm

9

麻クロス　ストライプ生成×黒
価格：750円
約幅 50 ×奥行 50 cm

10

白磁丼・小
価格：580円
約直径 13.5 ×高さ 7 cm

11

カラフェ・大
価格：800円
約 600 ml ／約直径 8 ×高さ 21.5 cm

12

ポリプロピレン収納キャリーボックス・ワイド
価格：1,000円
約幅 15 ×奥行 32 ×高さ 8 cm

13

木製角型トレー
価格：800円
約幅 14 ×奥行 14 ×高さ 2 cm

14

ガラスボール・小
価格：300円
約直径 12.5 cm

手をかけて ていねいに 暮らしていく キッチン

ゆっくり、マイペースに、ちいさなこだわりを積み重ねる。
「夫にも分かるようにしたいから吊戸棚はありません」
「木製ラックは10年前から使っています」

設計：スタイル工房

6
軒目
Date

東京都三鷹市在住
夫婦
マンション
一列型キッチン

profile 取材時はご懐妊中。ご飯が好きなので文化鍋で炊いているのだとか。パンは魚焼きグリルで焼くので調理家電が必要ないのだそう。毎日、手をかけながら使っているキッチンは、モノが少なくとてもすっきり。

ひと手間かけるだけで、ぐっと片づく。

デザイナーの河野さんのキッチンには、炊飯器も、電気ケトルも、三角コーナーもありません。すっきりとした暮らしをするコツは、ずばり、ていねいに、ひと手間をかけることを厭わないこと。ごはんは文化鍋で毎日炊いて、その場で冷凍しておけば、炊飯器がなくてもおいしいごはんが食べられます。お湯はやかんで沸かして、あつあつのお茶を。ごみは小出しにすることで、小さなポットひとつで済みます。ちょっとした工夫の積み重ねで、このシンプルなキッチンはできています。

「我が家の家具は、時代も国籍も違うのに、なじんでくれるのです」。その言葉どおり、キッチンとダイニングの家具は、この部屋用にしつらえたようにぴったりとマッチ。異素材の組み合わせが、素敵な雰

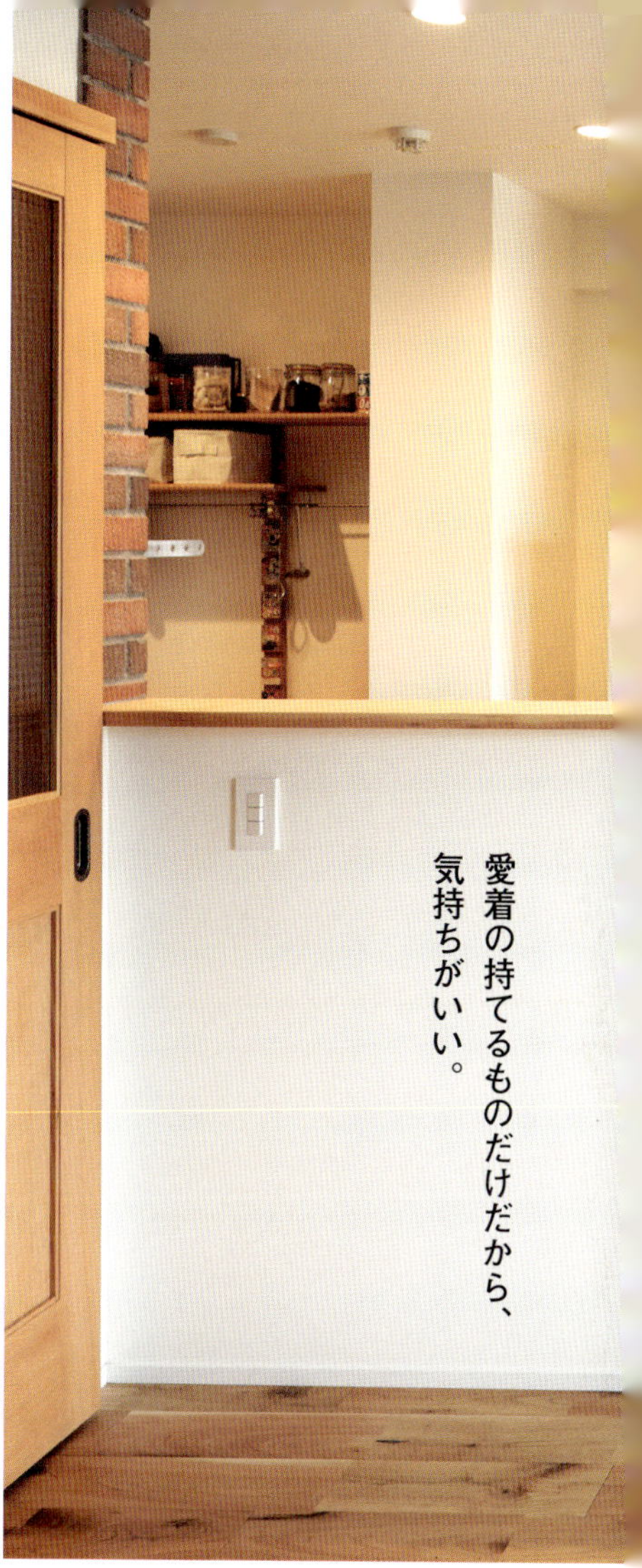

愛着の持てるものだけだから、気持ちがいい。

電気ケトルの代わりには、3年選手のやかんを愛用。気に入ったモノだけを長く使うのが、モノを増やさない秘訣

囲気をつくっています。

ご主人も台所に立つ河野さんのキッチンでは、あえて、吊戸棚など中身がわかりづらい位置の収納は撤去したそう。収納もオープンなものが多く、家にある食材の量が、常にひと目でわかります。面倒だと感じる在庫の確認などの作業を、なるべくしない。無駄を排して、こつこつと日々を過ごすことで、まめな台所しごとが長続きしています。

料理も食べきる分だけを作ることを心がけていますが、シンプルでおいしいものを中心にして、家事がおっくうにならないよう、気を使っています。特に台所に立っていて楽しいと感じるのは、蒸し野菜をつくるとき。自然の恵みをたくさん食べられるよう、蒸し野菜だけは常に数種類をストックしているそう。毎日の料理が楽しくこなせる工夫のひとつです。

台所の工夫。

お気に入りを、
ちょうどいい場所に。
「とりあえず」で
買わない、置かない。
だから、いつもすっきり。

idea 1

炊飯器も、電気ケトルもないことで調理台がとてもすっきり

よく使う手に馴染んだ道具だけを見える場所に。黒、シルバー、木の色で統一しているからすっきりきれいにまとまる ❶❷

idea 2

積み重ねられる収納で背の低いものを効率よくしまう

オープン棚に日常食器を収納。ブリ材バスケットの重ね使いは棚でもなく引き出しでもない、気軽に試せるしまい方 ❸

idea
3

たくさんあるクロスは
ソフトボックスで
きれいに収納

張りのあるランチョンマットが、ソフトボックスならゆったりしまえる。持ち手もあるから高い位置でも取りやすい ④

idea
4

カトラリーは引き出しのように
並べてボックスに入れる

食器棚がなくてもボックスを使えば引き出しの代わりになる。種類別で小分けにして、そのまま食卓で使ってもOK ⑤⑥⑦⑧

idea
5

ストック食材はステンレス製の
バスケットならおしゃれ

ボトルや保存瓶を棚に直置きすると、奥のものが取りにくくなる。バスケットにまとめるだけで不便が解消できる ⑨

idea 6

野菜はまとめて蒸して冷蔵庫にストック

子ども茶碗は小鉢として愛用している。ベビー誕生で、ご飯を食べる子どもの姿を見られる日がやってくる

⑩

idea 7

乾物は買ったらすぐ小分けしてボトルに入れる

お揃いの保存瓶は並べても重ねてもきっちり整う。密閉度が高いから粉ものやドライフルーツなどにも使える

⑪

idea 8

生ごみはホーロー容器に入れて生活感を上手になくす

ホーローは煮沸消毒できるから衛生的。ボトルも白とクリアで統一してすっきり見せる

⑫⑬

idea 9

シンク下収納はラックを組み合わせて仕切りにする

ラックを組み合わせて、奥も高さも立体的にスペースを活用。吊戸棚がなくても、引き出しをフルに使えばきれいに収まる

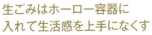

idea 10

火にかける鍋とフライパンはレンジ下からサッと出して使う

シンク下には「水」を使う道具、レンジ下は「火」にかける道具をしまう。引き出しの役目を決めてあるからご主人にも分かりやすい

idea 11

シンプルな家具を厳選してレイアウトを決める

空きスペースに入る家具が欲しくて、通販を徹底リサーチ。白い冷蔵庫とのマッチングを中心に、キッチンのレイアウトとコーディネートを ⓮

idea 12

冷蔵庫は積み重ね収納でなにがどこにあるかを把握

棚ごとに同じ種類の食品をまとめているから、在庫がひと目で分かる。詰め込まないから、節電効果も高い

idea 13

お米はお鍋で炊けば、おいしく省スペースに

愛用の文化鍋に石を載せると、吹きこぼれずにご飯が美味しく炊けるそう。炊飯器にはないブラック&シルバーの外観がインテリアにマッチ

ここで使った無印良品

❶

ステンレス
ひっかけるワイヤークリップ4個入

価格：400円
約幅2.0×奥行5.5×高さ9.5cm

❷

ステンレス　計量カップ

価格：800円
約幅9×長さ18×高さ5cm
最大計量：200ml

❸

重なるブリ材
長方形バスケット・中

価格：1,200円
約幅37×奥行26×高さ16 cm

❹

ポリエステル綿麻混・
ソフトボックス・長方形・ハーフ・小

価格：800円
約幅18.5×奥行26×高さ16cm

❺

ポリプロピレン整理ボックス2

価格：160円
約幅8.5×奥行25.5×高さ5cm

❻

竹箸
10膳入

価格：450円
23cm

❼

18-8
ステンレススプーン・大

価格：250円
約 19cm

❽

18-8
ステンレスフォーク・大

価格：250円
約 19cm

❾

ステンレスバスケット　大

価格：3,600円
約幅44×奥行30×高さ15cm

❿

こども食器・磁器碗・小

価格：350円
約直径9.5cm

⓫

ソーダガラス密封ビン

価格：690円
約750ml

⓬

PET詰替ボトル　クリア
280ml用

価格：250円

⓭

PET詰替ボトル　ホワイト
280ml用

価格：250円

⓮

電気冷蔵庫・270L　MJ-R27A

価格：100,000円
約幅60×奥行65. 7×高さ141. 9cm
（ハンドル含まず）

お気に入りの雑貨とグリーンのキッチン

子ども達が散らかしても、へっちゃら。「キレイになっていると安心して眠れる」というくらい、このキッチンが好き。

設計：スタイル工房

7軒目
Date

東京都板橋区在住
夫婦＋子ども2人
一戸建て
一列型キッチン

profile 育ち盛りの長男・長女のいる高橋久美子さんのキッチンは、元気いっぱいの子ども達が居ると思えないほど片づいている。ものの配置を意識し、使う場所の近くに使用頻度の高いものを置くなど、動線を重視している。

はしゃぐ子どもも「何のその」で、きれいを保つ。

片づけるそばから子どもたちが散らかすから、手が回らないという切実な声をよく耳にします。元気な二児の母として、高橋さんは後片づけを楽しむというつもりで、美しいキッチンを保つようにしているそうです。「夜寝るときに、何もないシンクと作業台を見ると安心しますね」と笑う高橋さん。子どもたちと白玉団子を作ったり、餃子の皮で具を包んだりして、一緒に過ごしているときに幸せを感じると言います。それでも、昼間は盛大に散らかしてくれることでしょう。

吊戸棚のないオープンなキッチンでは、整理整頓するのに苦労するのではないでしょうか。「収納場所が少ないので、ストック食材はなるべく買わないようにして、そこに収まる量を守るようにしています」とのこと。その代わりとして「お気に入りの道具や食器、

料理も後片づけも、
楽しんだもの勝ち。
明るいお母さんならではの、
無理なく、楽しく、
台所しごとができる工夫がたくさん。

雑貨に囲まれて過ごせる台所が理想なのです。食器に関しても、間に合わせをやめて急がず、愛着がもてるうつわを集めていきたい」と語る高橋さんにも失敗した経験があるようです。

何かを買うと、物持ちがよいせいで不満があっても何年も使い続けることの辛さを感じたから、よく考えて買い物をしたいのだとか。「何となく」で買わないことで、無駄なモノを減らし、愛着のあるモノだけに囲まれながら、すっきり暮らすことができます。モノへの不満を溜めない、でも、遊び心を大切にしているから、雑貨を飾るセンスが輝いています。

「栄養のバランスがいいメニューを工夫して、家族が美味しいと喜ぶ姿を描きながら過ごしたい」。その思いが家族の元気と幸せを生み出す優しいキッチンの秘訣でした。

お気に入りの雑貨を飾るコーナーを作って、いつもご機嫌に。子ども達が喜ぶ工作や、カラフルな雑貨も散りばめておけば、自然と会話も弾む

台所の工夫。

食器は見せる、道具は隠す、
雑貨は飾る。
モノと向き合いながら、
メリハリのあるインテリアに。

idea 1

うつわは、ラックで積み重ねれば取り出しやすい

ショップにあるような食器棚には、詰め込まずにすっきり収納。透明なアクリルラックは存在を主張することなく、出し入れがラクになるから一石二鳥 ❶

idea 2

同じ用途で使うものは同一のボックスにまとめて

整理ボックスを使って、お気に入りの食器棚を使いやすく機能的に。引き出しを開けても中身が動かないから、いつも整頓された状態に保てる ❷❸

idea 3

よく使うふきんは折りたたんで立て入れると機能的

薄手のふきんはどんどん使ってから処分するとか。出入りが激しいからボックスを使って定量をキープ ❷❸❹

idea 4

小さなものは、引き出しごとにアイテムを小分け整理

袋留めクリップやお弁当用ふりかけなどの小物には、小さな引き出しが便利。細かいモノこそ定位置を決めておくと散らからない ❺❻

idea 5

ボックスに収納すればシンク下に小物も置ける

水を使う道具はシンク下と決めているそう。鍋やボウルと同居する小物は無印良品のメイクボックスでひとまとめ。手前にあるからサッと出せる ❼

idea
6

シンクまわりのアイテムは清潔感のある白で統一

洗剤やスポンジまで清潔感と統一感にこだわったキッチン。ちょこっとグリーンも癒されるアクセント。きちんと手入れしよう！　というモチベーションにつながる ❽❾

idea
7

キッチンタイマーは冷蔵庫を定位置にすると邪魔にならない

レンジと向かい合わせの位置にある冷蔵庫。加熱中に振り向けばタイマーがあるという関係が調理動線の短縮になる ❿

idea
8

ラップや鍋敷きの収納は冷蔵庫のドアを上手に活用

ラップや鍋敷きは、よく使うからといって平置きすると邪魔に感じることも。実は冷蔵庫のドアは、よく使うツールの隠れた収納にぴったり。かさばらず、さっと手に取れる ⓫⓬

idea 9

3+2で並べると
ナチュラルの洗練度が高まる

白いアイテムで逆三角形の構図をつくって、黒いアイテムを対角の位置に。さらに垂れるグリーンのラインで上下をつなげば、小さくても緑の存在感アップ ⑬

idea 10

ナチュラルな雰囲気を
邪魔しない
白いアイテムを選ぶ

炊飯器はないけれどトースターは使うから、実用性と見た目でチョイス。お気に入りのキッチンづくりは、少しずつ買い揃えるのがコツ ⑭

*商品の設置方法につきましては、注意事項をお確かめのうえ、設置してください

ここで使った無印良品

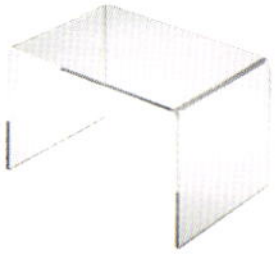

アクリル仕切棚
価格：800 円
約幅26×奥行17.5×高さ16cm

ポリプロピレン整理ボックス2
価格：160 円
約幅8.5×奥行25.5×高さ5cm

ポリプロピレン整理ボックス 3
価格：200 円
約幅17×奥行25.5×高さ5cm

落ちワタふきん12枚組
価格：500 円
約40×40cm

ポリプロピレン小物収納ボックス6段・A4タテ
価格：2,500 円
約幅11×奥行24.5×高さ32cm

ポリプロピレンスタンドファイルボックス・A4用
価格：700 円
約幅10×奥行27.6×高さ31.8cm

ポリプロピレンメイクボックス
価格：450 円
約150×220×169mm

PET詰替ボトル ホワイト　400ml用
価格：280 円

ウレタンフォーム三層スポンジ
価格：150 円
約幅6×奥行12×高さ3.5cm

ダイヤル式キッチンタイマー TD-393
価格：1,900 円
直径6. 2×2. 2cm

マグネット付ラップケース　小
価格：800 円
約幅20～22cm用

アルミフック マグネットタイプ　小・3個
価格：400 円

観葉植物・アクアポット　4号
価格：2,200 円
＊限定店舗、およびネットストアにて取り扱い

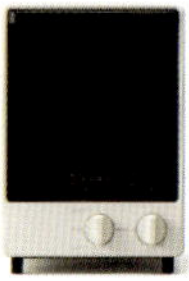

オーブントースター・縦型 MJ-OTL10A
価格：7900 円
約幅23×奥行25. 5×高さ32. 5mm

考えなくても ラクできる 時短キッチン

毎日の台所しごとをぐんとラクにする。
身近なものでできる、工夫がたくさん。

8
軒目
Date

千葉県鎌ケ谷市
夫婦＋子ども2人
マンション
一列型キッチン

profile 手ごろなものを賢く活用する小林さんのキッチンは、たくさんの費用をかけずとも、使いやすく機能的。一般的なファミリータイプのマンションにあるキッチンには、ご本人のアイデアによって、使いやすくする工夫がそこここに。

少しの工夫で、楽しく、すっきり暮らす

無印良品をはじめ、手頃なアイテムを賢く使い、いつもすっきりとした台所に。

モノが少なくシンプルながらも、ダイニング側にはいただきもののティースタンドやお気に入りのレース小物を飾って、フレンチ雑貨店のような、心地よく過ごしやすい空間に

「忙しい毎日だから、お料理も、お掃除も、お買い物も、さっと済ませて家族と過ごす時間を大事にしたい。だから、自分がラクに過ごせる仕組みをつくっているんです」。ふたりの姉妹の母として日々を過ごす小林さんは、自分のキッチンづくりのこだわりについて、そう話します。マンションの一列型のキッチンの造りは、ごく一般的なもの。それなのに、手ごろなアイテムを上手に使って作り上げられた小林さんのキッチンは、家しごとを楽しく、快適にする工夫で溢れています。

モノが少ないのは、余分なストック食材を買わないようにしているから。それでも「あれがない！」なんてことがないよう、瓶にラベリングをしたり、真っ先に目に入るところに賞味期限の近いものを配置したりと、手をかけなくても管理がしやすいような仕組みをつくっているのです。「一番考えているのは、台所に立ったときに、必要最小限のアクションで動作を行えること。お買い物のときは、捨てられる袋や回収トレイがあるものは、できるだけスーパーで処分し、家のなかに持ち込まないようにしています」。なるほど、それなら帰宅後には、買ったものをそのまま冷蔵庫に入れるだけで、スムーズに支度が整います。

とはいえ、きっちりし過ぎていると毎日の家しごとが退屈に思えるもの。「家族にも使いやすくして、自身も楽しく台所で過ごせるよう、お気に入りの雑貨でモチベーションを上げるといった、ほどよい息抜きも大切に。自分にも他人にも厳しくしすぎず、家族みんながラクに過ごせる仕組みをつくることが、心地よい暮らしの出発点でもあるのです。

台所の工夫。

片づけと暮らしを愉しむ秘訣。
スペースをきっちり測る、
在庫の残量を目で見て測る、
だから時間と費用の節約になる。

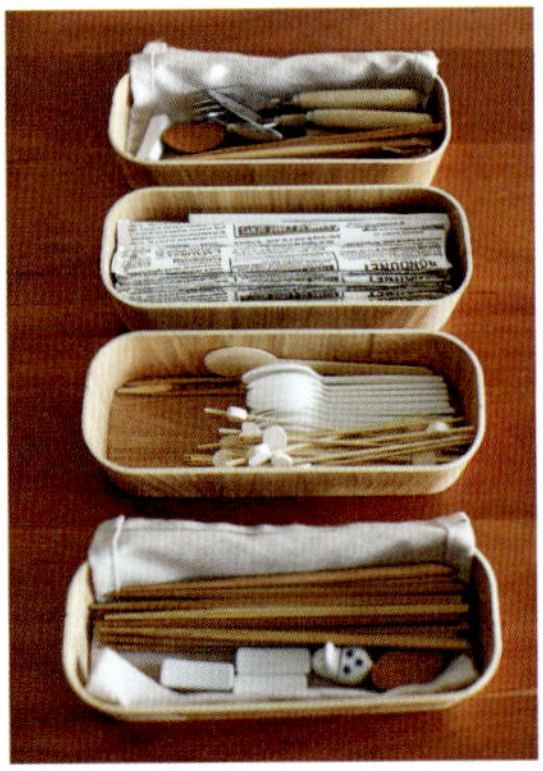

idea 1

カトラリーは木製ケースの4段重ねで

来客のときもそのまま出せて◎ 種類別に分けたカトラリーを木製ケースで分類整理しておけば、引き出しがなくても整理できる。使用頻度の高いふだん使いが一番上で、来客用を一番下に ❶

idea 3

お米のストッカーは可愛い布で生活感を上手に隠す

幅広のファイルボックスが、米袋のサイズにピッタリ。白米と玄米それぞれを1ボックスにまとめておくと、残量がひと目でわかる ❸

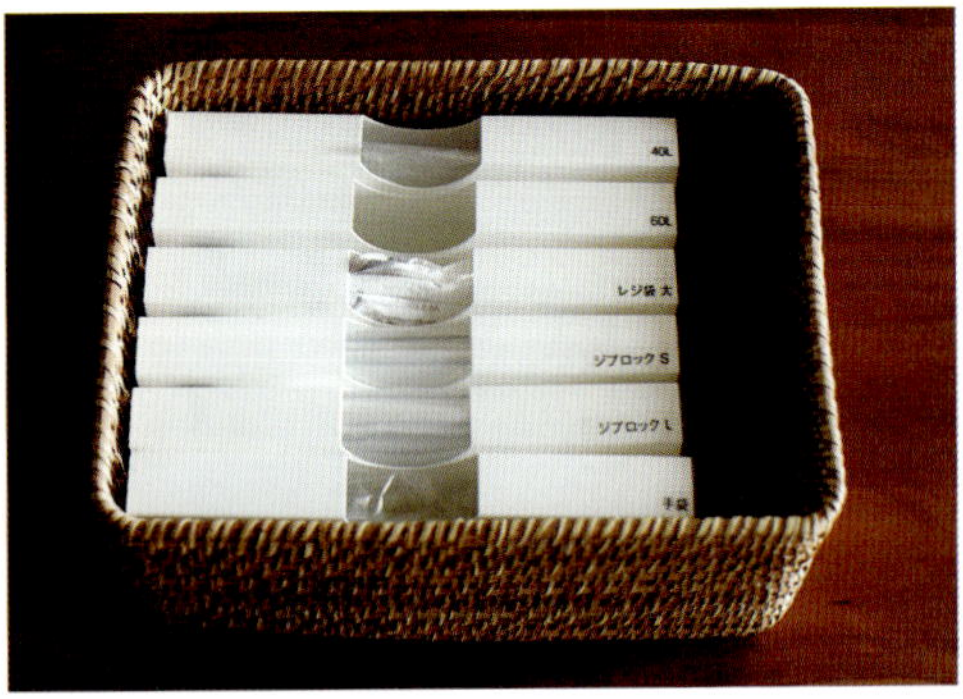

idea 2

ビニール系の袋をケースで分類

入る分だけを持つ。乱れやすいビニール袋を、ケース別にしておけば、乱れを直す手間が不要になる。ボックスの容量を在庫の目安にすれば補充どきがわかる ❷

idea 4

ふだん使いのうつわは棚に大事なうつわは引き出しで安全に出し入れ

よく使ううつわは透明なラックに目線の高さに収納して、取り出しやすく。腰から下にある耐震ロックつきの引き出しには、たまに使ううつわをしまって動作をスムーズかつ安全に ❹

idea 5

お気に入りの大皿はファイルボックスに立てると省スペース

食器棚の下段には大きくて重たい大皿を。積み重ねないから取り出しやすくて、うつわの破損への不安がない ❺

idea 6

高さの凹凸は小物でカモフラージュ トップラインを揃えてすっきり

冷蔵庫、食器棚が並んだ隣に取り付けた自作の棚。取り出しやすさ優先で、凹凸にはホワイト小物の飾りで水平ラインを揃えてすっきりと ❻

idea 7

引き出しの手前がスイートスポット 頻繁に使うラップケースの定位置に

引き出し手前５センチゾーンは、出番の多いラップケースにピッタリ。少し開ければサッと出せるから、調理がテキパキと進む ❼

idea 8

すぐ使う食材がわかるよう、賞味期限でおおまかにグループ分け

乳製品、和食用、パン食用、マヨネーズ・ケチャップなどの食品を、整理ボックスに分けて管理。ラベルを貼ってあるから、定位置と在庫がひと目でわかる ❽

idea 9

毎日使う調理器具はコンロ近くに吊り下げて

道具を目の前に吊るしてすぐ調理。レンジフードの枠を使えばネジくぎ不要で、ステンレス製のフックとクリップだから汚れが落としやすい ❾❿

ファイルボックスを横並べにしてお手入れグッズの特設コーナーを

idea 11

出しておくと気になる、クリーニング用品。ファイルボックスを使えば、棚にしまっても奥のモノまですぐに取り出せ、かつ衛生的 ⓫

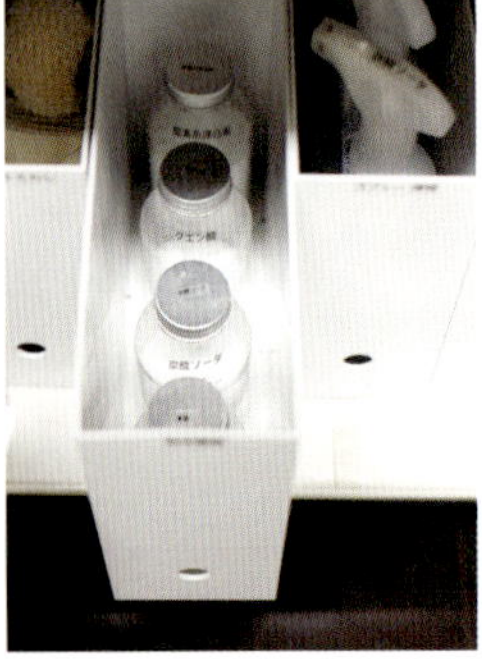

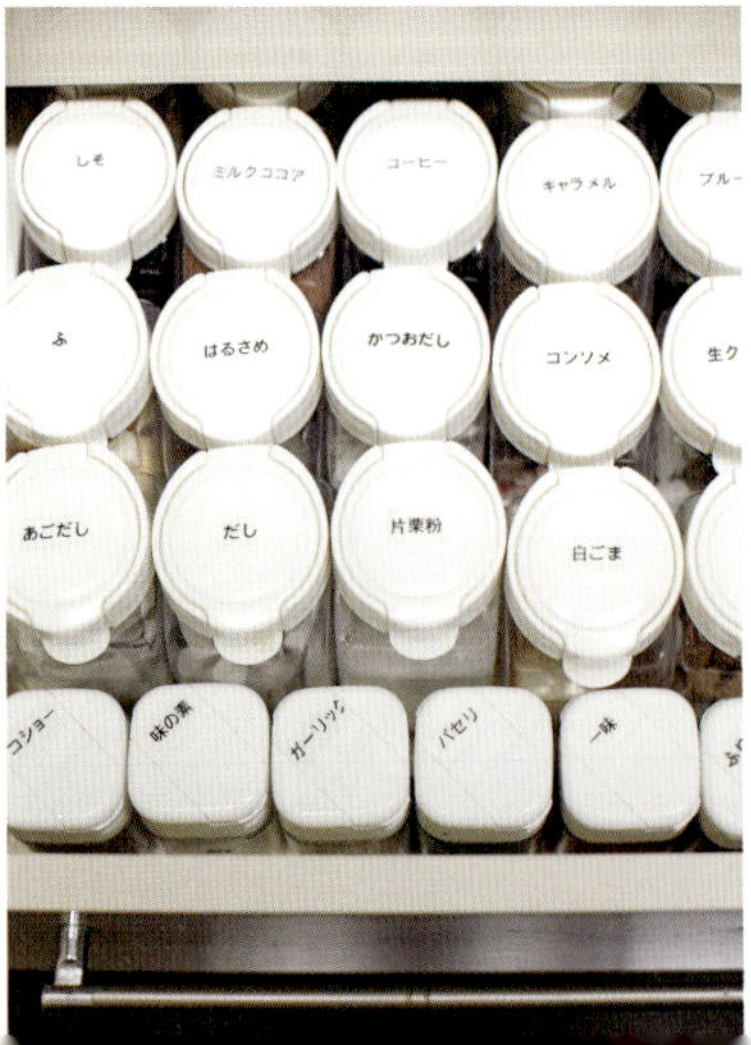

idea 10

常備の乾物をきらさない、容器をズラリと並べてひと目で管理

コンソメ、青のり、ゴマなど種類が多いから容器に移し替え。残量が見えるから、常備したい乾物の余分を持たなくてもすむ

idea
12

縦横に区画して、シンク下の大きな空間を無駄なく活かす

ファイルボックス、仕切りスタンドを使うと、シンク下の幅と高さが無駄なく使える。分類して置き場を決めているから、いつも整理整頓が行き届く

⑫ ＊仕様変更

idea
13

アクリルケースで仕切れば棚の中の余った空間も収納に

キッチンペーパーとラップのストックを、仕切棚の上に収納。透明のアクリル製は、下にしまってあるモノまで見えるから使い忘れがない ④

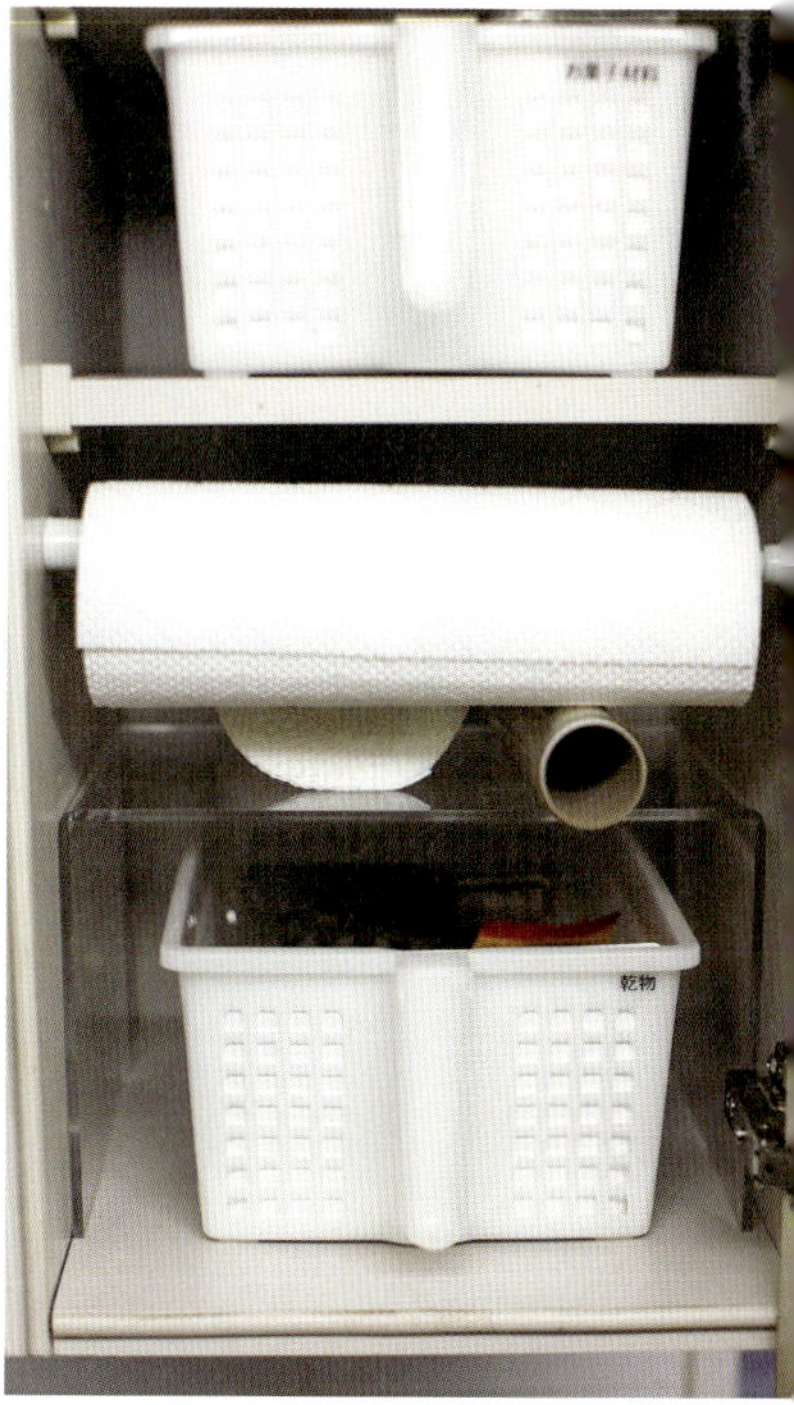

idea
14

家族が協力しやすい「よく使う食器コーナー」をつくる

カウンターにセットしてあるから、キッチンに入らなくてもすぐ使える。使い終わったら洗って拭いて戻すだけで片づく ⑬

idea
15

アルミとレースの絶妙コンビ コンセント隠しが素敵コーナーに

小物やコンセントがあるせいで、ごちゃつきがちなダイニングカウンター。アルミ製の家具やCDプレイヤーを飾って、収納兼インテリアのアクセントに使えるお手本 ⑭

ここで使った無印良品

❶

木製　ケース
価格：1,000 円
約幅26×奥行10×高さ5cm

❷

重なるラタン
長方形バスケット・中
価格：2,900 円
約幅36×奥行26×高さ16cm

❸

ポリプロピレンファイルボックス・
スタンダードタイプ・ワイド・
A4用ホワイトグレー
価格：1,000 円
約幅15×奥行32×高さ24cm

❹
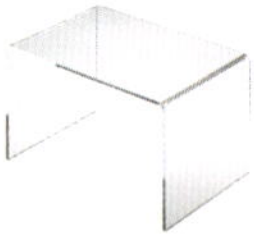

アクリル仕切棚
価格：800 円
約幅26×奥行17.5×高さ16 cm

❺

ポリプロピレンスタンド
ファイルボックス・A4用
価格：700 円
約幅 10 ×奥行 27.6 ×高さ 31.8 cm

❻

電気冷蔵庫・270L
MJ-R27A
価格：100,000 円

❼

ポリプロピレンラップケース 大
価格：450 円
約幅25～30cm用

❽

ポリプロピレン整理ボックス3
価格：200 円
約幅17×奥行25.5×高さ5cm

❾

ステンレス
ひっかけるワイヤークリップ 4個入
価格：400 円
約幅2.0×奥行5.5×高さ9.5cm

❿

横ブレしにくいフック 大・2個
価格：350 円
約直径 1.6 × 2.4cm

⓫

ポリプロピレンファイルボックス・
スタンダードタイプ・A4用・
ホワイトグレー
価格：700 円
約幅 10 ×奥行 32 ×高さ 24 cm

⓬

アクリル仕切りスタンド　3仕切り
価格：1200 円
約幅133 ×奥行210 ×高さ 160 mm

⓭

ポリプロピレンメイクトレー
価格：200 円
約150×220×20mm

⓮

壁掛式CDプレーヤー
型番:CPD-4
価格：13,500 円

ラボみたいに機能的なこだわりキッチン

ひとり暮らしの男の人のキッチンは、仕掛けがたくさん。

設計：ブルースタジオ

9
軒目
Date

東京都大田区在住
1人暮らし
マンション
1列型キッチン

profile ワンルームにひとり暮らしをする新見さんのキッチンは、さながら小さなラボのよう。ソフトエンジニアという多忙な職業ながらも、出汁は毎週作って冷凍しているそう。調理台からワンアクションですべてのものに手の届く、計算された配置。

コックピットのように機能的な収納と、いくつもの仕掛け。

作業場から手の届く範囲にすべてのモノを配置する計算されたキッチン。

新見さんのワンルームの部屋の一角にあるキッチンは、決して広くはないものの、ラボのように機能的。棚に吊り下げられて出番を待つキッチンツールたちも、さながらコックピットで起動を待つ機器のようです。ソフトエンジニアという多忙な職を持つ新見さんですが、週に一度、必ず昆布、煮干、鰹節のいずれかで、きちんと出汁をとることは欠かせないそう。忙しいなかでも、スムーズに料理をするコツは、このキッチンにありました。

「機能的なのが好きなんですよ

ワンルームながらまったく狭さを感じさせない。
高さのある収納を上手に使い、モノをうまく配置

ね。だから、いかに効率よく、日々の料理をするかを考えるのは面白いです」。取材に応えながら、新見さんは手際よく出汁をとり始めます。シンクを振り返れば、吊り下げられたキッチンツールにすぐ手が届きます。カトラリーを立てて収納しておくのも、ワンアクションでさっと調理をするためです。

　ステンレス加工のシンクは、汚れにくく、いつも清潔。このシンクで出汁を小分けにして、冷凍保存しておきます。忙しい時期も、お味噌汁にごはんの朝食をとるというキッチンは、持ち主がいかに無駄なく立ち回れるかが、賢く計算されています。背が高いので、作業がしやすいよう、シンクの位置も少し高めに設定してもらったそうです。調理道具やグラスを吊り下げ収納にしているのも、機能的でちょうど良い暮らしをするのに役立っています。

台所の工夫。

目に留まるから、
ちゃんと使って、きちんとしまう。
自分の眼で確かめて選んで、
収納をカスタマイズ。

idea 1

ボックスを横置きすれば 小さな引き出しがわりに

オープンなラック脇を利用して、引き出しボックスにスパイスを収納。調理台から振り返れば、すぐに手に取れる仕組み ❶❷

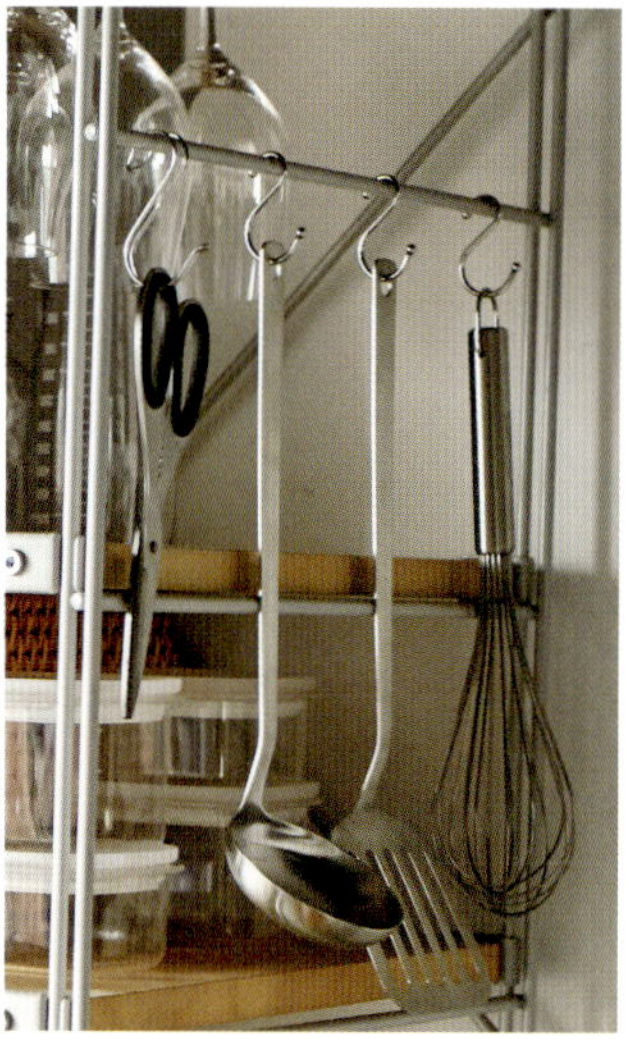

idea 2

グラスや調理器具は 吊り下げれば省スペース

ラック棚の空きスペースを使って空中収納に。自分流にカスタマイズして、使い勝手の良さと省スペースを実現 ❸❹

*グラスハンガーは無印良品のものではありません

idea
3

よく使う食器は手前、大きなお皿は奥に配置

引き出しの代わりにバスケットを活用。スタイリッシュに傾きがちなインテリアに温もりをもたらしている ❺

idea
4

ばらつきがちなレトルトはブックスタンドで整理

忙しいときにはストック食品があると心強い。食材にちょうどいいサイズのストッカーからワンアクションで手に取れる ❻❼

idea 5

調理器具は立てておけばさっと取り出せる

いつでもすぐに使えることが、ひとりできちんと食事を作るベースになる。スペースと時間の節約にもつながる　❽❾

idea 6

2年選手の愛用まな板と、包丁は真となりに

毎日の食生活を支えてくれる愛用の道具。「スタンダード」であることに共感をもつ新見さんらしさがここにも ⑩

idea 7

生活感の出やすい洗剤類はまとめてボックスへ

キャビネットを付けないキッチンは、風通しがいいから湿気がない。買い足しがきく収納用品は必要に応じて加えるから場所も費用も無駄がでない ⑪⑫

idea 8

出汁は小分けして週1でまとめて冷凍保存

学生時代からやっているというから作業は手慣れている。食生活には手を抜かない、シンプルで機能的な暮らしの習慣

ここで使った 無印良品

❶

ポリプロピレン小物収納ボックス
3段・A4タテ

価格：2,000 円
約幅11×奥行24.5×高さ32cm

❷

ステンレスユニットシェルフ・
オーク材棚セット・大

価格：29,000 円
幅58×奥行41×高さ175.5cm

❸

ステンレス お玉・大

価格：800 円
約幅8.5×長さ30cm、柄24cm

❹

ステンレス ターナー

価格：900 円
約幅9.5×長さ33cm、柄24cm

❺

重なるラタン角型バスケット・中

価格：3,500 円
約幅35×奥行36×高さ16cm

❻

スチール仕切板・中

価格：263 円
幅12×12 高さ17.5cm

❼

ポリプロピレンストッカー
4段・キャスター付

価格：2,900 円
約幅18×奥行40×高さ83cm

❽

磁器ベージュ
キッチンツールスタンド

価格：900 円
約直径 9 ×高さ16 cm

❾

ステンレス調理用トング

価格：1,450 円
約長さ 31cm

❿

ひのき調理板・薄型・大

価格：3,000 円
約幅36×奥行24×厚さ1.5cm

⓫

ポリプロピレンケース
引出式・深型

価格：1,000 円
約幅26×奥37×高17.5cm

⓬

ポリプロピレン
収納ケース用キャスター

400 円
4個セット

モノ&場所別スーパーインデックス

本誌で掲載した心地よいキッチンを作るアイディアを、気になる場所別に索引できます。ぜひ、あなたらしいキッチンを作る参考にお役立てください。

① 調理器具

② 食器

無印良品の台所道具。

みんなの愛用品をピックアップして、今日から使いたいオススメの調理ツールだけを集めました。

①②③

麻クロス 厚地 生成×黒(❶)、
麻クロス ストライプ 生成×黒(❷)、
麻クロス ラインストライプ オフ白×生成(❸)

価格：❶800円、❷750円、❸700円
約幅50×奥行50cm

………食器用のふきんにも、ランチョンとしても使える

④

ラバー材 カッティングボード スクエア・小

価格：1,500円
約15×22×高さ2cm
(取っ手除く)

………やさしいゴムの木の風合いはそのままテーブルに出しても◎

⑤

竹箸 23cm

価格：350円

………肌触りのよい竹箸は、丈夫で長持ちする定番品

⑥

耐熱食器 角型

価格：2,000円
約幅22.5×奥行22.5×高さ4cm

………耐熱性だからオーブン料理の調理ツールとしても大活躍

⑪
ステンレス お玉・大
価格：800 円
約幅8.5×長さ30cm、柄24cm

………お玉の内側に目盛りが付いていて、調理時の計量の手間を解消する

⑩
ステンレス ターナー
価格：900 円
約幅9.5×長さ33cm、柄24cm

………左利きの人でも無理なく使える計算されたデザインのフライ返し

⑨
シリコーン スパチュラ
価格：750 円
約長さ26cm

………シリコーンゴム部分は耐熱温度 300 度で幅広い料理に使える

⑧
シリコーン ジャムスプーン
価格：500 円
約長さ19cm

………シリコーンの先がしなるから、隅々までジャムを掬える優秀品

⑦
木製 スタンド
価格：800 円
約幅7.5×奥行7.5×高さ11.5cm

………平置きするとかさばるカトラリーを手軽に立てかけておくのに最適

⑫

アクリル冷水筒・ドア ポケットタイプ　冷水専用

価格：700 円　約1L

………冷蔵庫に横置きできるから、お茶や水出汁づくりにうってつけ

⑬

耐熱ガラスピッチャー・小

価格：490 円　約 700ml

………耐熱ガラス製だから、温かい飲み物にも冷たい飲み物にも幅広く使える

⑭

冷蔵庫用米保存容器

価格：700 円　約2kg用

………お米の保存にいいとされる冷蔵庫での管理が可能。フタはメジャーカップとして使える

⑮

ソーラークッキングスケール SD-005

価格：3900円　最大計量：2kg

………フタを逆さにすると、ロングパスタの計量も可能。最大計量 2kg まで

⑯

液体とニオイが漏れない バルブ付き密閉ホーロー 保存容器　深型・小

価格：1300 円
約幅9.5×奥行11.5×高さ7.5cm

………ホーローなので臭いがつきにくく、常備菜の保存にうってつけ

⑰

カラフェ　大

価格：800 円　約600ml／
約直径8×高さ21.5cm

………プレーンなデザインの水差しは、どんなテイストの食器にもあう

⑱

耐熱ガラスメジャーカップ

価格：1200 円　500ml／
約直径10.5×高さ12cm

………透明なガラスとシンプルなグレーのラインは、インテリアを邪魔しない

⑲

耐熱ガラス
丸型保存容器 2

価格：700 円　約320ml／
約直径7.5×高さ11cm

………保存時にはスタッキングして収納でき、フタをとれば電子レンジにもかけられる

⑳

アルミ弁当箱・小

価格：1700 円　約280ml／
約9.5×14×高さ5cm

………懐かしいフォルムのアルミ弁当箱は、洗いやすくほどよい大きさ

㉑

液体とニオイが漏れない
バルブ付き密閉ホーロー
保存容器 深型・大

価格：1900 円
約幅19×奥行23.5×高さ7.5cm

………液体も保存できるホーロー容器。大判サイズなので汁ものにも

みんなの無印良品のうつわ。

無印良品が便利なのは、なにもキッチンツールや収納用品だけではありません。ここでは愛用の、食器やうつわを公開します。

家族みんなで愛用、コンパクトでバランスよく栄養と彩りがまとまる

家族の毎日のお弁当を詰めるのは、アルミ弁当箱。どこか懐かしい雰囲気を感じる弁当箱は、頑丈で、多すぎず、少なすぎず、子どものお弁当用にほどよい大きさです。汚れがつきづらく、耐久性もあるアルミのお弁当箱は、はたらくお母さんの強い見方。
「子ども用も愛用しています」。

アルミ弁当箱・小
価格：1,700円
約280ml／約9.5×14×高さ5cm

プレーンだから毎日使えるシックな色合いのうつわで揃える

手のひらに収まるサイズの漆器は、木目の風合いを生かしたやさしい手触り。漆塗りなので、汁物をあつあつのまま口に運べて、保温効果も期待できます。プレーンな食器だからこそ、和食にも、洋食にもあうのがうれしい。使い勝手のよい万能選手のお椀です。

上：河和田塗り丼 黒／価格：1,800円／約直径13.5×高さ6.5cm／下：漆器 すり漆汁椀 小／価格：1,000円／約直径10.5×高さ6cm

オーブンからそのまま食卓へ 耐熱だから盛り付けなしで華やかに

ボリュームのある角皿は、耐熱なのでオーブン料理に最適。野菜や肉を焼いたら、そのまま食卓へ出せば、立派なメインが出来上がります。野菜たっぷりのオーブン焼きは、パーティや晴れの日にもぴったり。食卓が一気に華やぎます。

耐熱食器　角型／価格：2,000 円／約幅22.5×奥行22.5×高さ4cm

ふわっと盛るだけでさまになる アカシア食器はこのサイズ感が絶妙なんです

自然の風合いを生かしたアカシア食器なら、手でちぎったリーフレタスをたっぷり盛るだけで、カフェごはん風に。ボリュームたっぷりのどんぶりや、休日の朝ごはんにもぴったりです。フルーツやスナックのお菓子を入れてもかわいく使えます。

アカシア ボール／価格：2,500円／約直径24×高さ9cm

透け感のあるガラス食器で統一すれば 食卓がぐんと広く見える

天板が透けて見えるガラスのテーブルウエアで揃えれば、テーブルがぐんと広く見えます。プレーンなガラスと白は、どんなインテリアにも馴染む定番の組み合わせです。きらきらと光を透かして揺れる、ポットのお茶でリラックスタイムを。

耐熱ガラス ポット 小／価格：1,500円／約670ml／耐熱ガラス ティーカップ／価格：600円／約250ml／耐熱ガラス　ソーサー 価格：800円／約直径14cm

みんなの無印良品のごはん。

簡単ごはんにも、お手伝いにも、おもてなしにも使える、美味しかったと好評のごはんだけ、教えます。

あえるだけのパスタソースなら高校生の息子も積極的にお手伝い

家族が出払いがちな休日の昼食用には、あえるだけで食べられる、パスタソースをストックしておきましょう。「留守番中でも息子がひとりで作ってくれるようになりました」と笑顔のお母さん。料理がつらいときの夕ご飯用にもストックしておけば安心。お手伝いのきっかけにもなります。

あえるだけのパスタソース えびクリーム
35.1g×2（2人前）
価格：280円

自然の風味で日持ちするいちごのブールドネージュはティータイムの定番にぴったり

ひと口サイズでぱくぱく食べられるいちごのブールドネージュは、子ども達用のおやつに最適。フリーズドライのいちごの甘酸っぱさと、こく深いクッキーのほろほろとした口どけは、大人もうっとりする味わいです。おやつタイムのお供にぜひ。

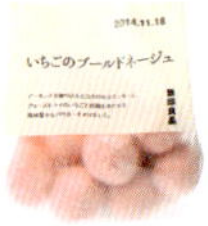

いちごのブールドネージュ／85g
価格：200円

美食派も納得のカレールーは実は、カレーパンの種にうってつけ

本格的な味で大人気の無印カレーのおすすめは、ダール（豆のカレー）。ごろごろと入った豆の味を生かした素朴な味わいに魅了される人も多いよう。そんなカレーをおいしく食べる裏技は、「じゃがいもなどの野菜を加え、カレーパンにするといいですよ」とのこと。含まれる水分量もほどよく、さっくりとしたおいしいパンに仕上がります。

素材を生かしたカレー
ダール（豆のカレー）
180g（1人前）
価格：300円

くるみとキャラメルの濃厚な味わいはお茶請けにも◎

スイス・エンガディン地方の伝統菓子は、こっくりとしたキャラメルの味わいに、くるみの香ばしさがよくあいます。お客様用のお茶請けとしてはもちろん、濃厚で腹持ちもよいので、ちょこっと家事の合間につまみたくなります。

エンガディナー／8個
価格：250円

考えなくてもOKです！

心地よいキッチンのきほん7つ

毎日使うキッチンでは、自分と一心同体になってくれる収納が欠かせません。機能的で効率よく、ときにはそこに居ることが楽しくなるような空間にできたら、どこよりも心地よい場所になることでしょう。

どこかの真似ではない、わが家ならではの収納スタイルとは？　料理をするための実用性だけではなく、家族や暮らし、道具への思いをこめて、収納の形を発想するための7つのコンセプトをご紹介します。

すべてを満たす必要はありません。ピンと響いたヒントを手掛かりに、アイディアを膨らませてみてください。

1

すぐ使うモノは、目線〜腰の高さに。

料理中はタイミングが大事。すぐに使いたい道具は取り出しやすさを優先して、背伸びをしたり腰をかがめたりしなくてもいい収納が理想です。ラクに手が届く範囲は自分の目線から腰のあたり。壁や棚、引き出しをうまく使って、無理のない姿勢で出し入れができるように、モノの置き場所を決めると片づけやすくなります。

腰の位置にある引き出しは素早く出し入れができる

眼の高さ（身長×0.9）から腰の高さ（身長×0.45）の位置を目安に、道具を配置するといい

2

よく使うモノは、3歩の範囲が目安。

キッチンの広さは各家庭で異なります。それでも負担を感じることなく動けるのは、調理台を基点に歩数を数えて3歩。準備、料理、後片づけの流れを頭に入れて、よく使う食材や道具、調味料、うつわを収納。無駄な動きがなくなると、疲れずに効率よく、そして気持ちよく料理に集中できるようになります。

3歩以内にパントリーと冷蔵庫があると調理がはかどる

3

ひとつの入れ物に入れるのは、1種類だけ。

キッチンで使うモノを大まかに、食材、道具、うつわ、消耗品といった種類で分類。さらにどんなときに使うのかを思い浮かべて、同じタイミングで使うモノを集めてチームづくりをすると料理がスムーズ。チームごとに入れ物でまとめておくと、棚や引き出しの中が自然と整理整頓されて探し物がなくなります。

スポンジや布巾を「お手入れセット」としてひとつのケースにまとめると、後片づけが手早くできる

ばらつきがちな細かいモノは入れ物の大きさを変えて、種類ごとにまとめておくと選びやすい

4

上下に分割して、スペースと料理を効率よく。

パイプがあって使いにくいシンク下の収納では、大きさのある道具が取り出しやすくなる

広さが限られているキッチンでは、取り出しやすく詰め込み過ぎないしまい方にすることが大事。中途半端な隙間が残って困るときには、ラックで空間を分割すると収納効率が上がります。上下別々にモノが置けるようになると、サッと取り出せるのでストレスなく料理ができ、いいことずくめです。

5

誰が見てもわかる、「一目瞭然」。

料理中に作業を中断したくはありません。モノの陰に隠れて目に入らなくなると、見つけにくくて手間どります。手際よく作業を進めるためには、収納の中身が見渡せるようなしまい方にすることが肝心。そこを使う誰もがひと目でわかれば、家族が協力しやすくなるというメリットもあります。

道具が見渡せてどこに何がしまってあるのかがすぐに分かる

ひと目ですべての道具が見える
ラベリングも◎

6 立てる・吊るすで、手際よく省スペースに。

毎日のように繰り返し使う道具は、手を伸ばせばそこにあるという状態になっていると、使い勝手がぐんと良くなります。でも、戸棚や引き出しにしまいたい隠す収納派の人は、手近な所を定位置に。いずれにしても道具の出し入れがワンタッチでできると、調理スペースが広々と使えます。

場所をとらずに使いやすく、道具の整理整頓ができる

7 愛用品を並べ、見せて使う収納に。

お気に入りのモノに囲まれて過ごせる部屋のように、キッチンも居心地のよい場所にしたいものです。うつわも道具も好きなテイストを並べておくだけで、使うことが愉しくなる素敵なディスプレイに。肩ひじ張らず「見せる」と「しまう」収納を組み合わせて、自分らしい空間に仕上げましょう。

埃が気になるときにはガラス戸を通して見せる収納に

ひとつの入れ物に種類別、用途別にまとめて管理

おわりに

心地よさにあふれた台所には、共通点が3つあることがわかりました。

まず、吟味してモノを選ぶこと。
素材、形、色、使い心地をはじめ、どういう料理が好きなのか、
毎日の料理や食事にしっくりくるモノは何なのか。
自分やわが家のスタイルを中心に選んでいます。

次に、気持ちよく動けること。
料理がしやすく、掃除がラクで、家族が協力したくなる場として、
動線と作業スペースを考えてモノがきちんと配置されています。

そして、楽しくやれること。
「鍋のなかの音に耳を傾けながら煮込んでいるとき」、
「ビールをグラスに注いでから夕食の準備をする時間」、
「料理にひと手間かけられる自分に余裕を感じる」など、同じようなことの
繰り返しの中に、楽しみを見つける喜びを語ってくれました。
無印良品の品は、そういったふつうの日々をともに過ごすために、

選んで、使って、自分の台所になじませていくモノなのではないでしょうか。

張りきってモノを減らしたり、特別なモノを使ったり、
すごいことをやろうと頑張ったりしなくても、
わが家にあったモノや方法を私たちは見つけることができるのです。

「キッチンを見せてください」という取材を通して、
そのことを強く実感しました。取材に協力してくださった皆様、
書籍づくりに尽力していただいた方々に心よりお礼を申し上げます。
写真家の雨宮秀也さん、編集の静内二葉さん、
短い期間に密度の濃い仕事をともにできたことを幸せに思います。
ありがとうございました。

本書を読んでくださったかたの台所が、
心地よい最愛の場になることを心から願っています。

すはら ひろこ

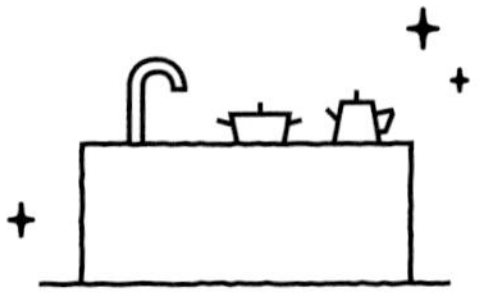

整理収納アドバイザーが教える

無印良品でつくる
心地よいキッチン

2016年7月21日　初版第1刷発行

著　者　すはらひろこ

発行者　澤井聖一
発行所　株式会社エクスナレッジ
〒106-0032　東京都港区六本木7-2-26
http://www.xknowledge.co.jp/

問合せ先
編集　Tel 03-3403-1381　Fax03-3403-1345
販売　Tel 03-3403-1321　Fax03-3403-1829
info@xknowledge.co.jp

無断転載の禁止
本書の内容(本文、図表、イラスト等)を当社および著作権者の承諾なしに
無断で転載(翻訳、複写、データベースへの入力、インターネットでの掲載等)することを禁じます

©X-Knowledge Co.,Ltd.